O QUE É ADVENTO E NATAL

COMPREENDER NOSSA FÉ

O que é Tempo Comum
O que é Semana Santa
O que é Páscoa Cristã

PE. JOSÉ BORTOLINI

O QUE É ADVENTO E NATAL

SANTUÁRIO

DIREÇÃO EDITORIAL:
Pe. Fábio Evaristo R. Silva, C.Ss.R.

CONSELHO EDITORIAL:
Pe. Ferdinando Mancilio, C.Ss.R.
Pe. Marlos Aurélio, C.Ss.R.
Pe. Mauro Vilela, C.Ss.R.
Pe. Victor Hugo Lapenta, C.Ss.R.

COORDENAÇÃO EDITORIAL:
Ana Lúcia de Castro Leite

REVISÃO:
Denis Faria
Luana Galvão
Viviane Sorbile

DIAGRAMAÇÃO E CAPA:
Junior dos Santos

**Dados Internacionais de Catalogação na Publicação (CIP)
(Câmara Brasileira do Livro, SP, Brasil)**

Bortolini, José
   O que é Advento e Natal / Pe. José Bortolini. – Aparecida, SP: Editora Santuário, 2017.

   ISBN 978-85-369-0492-4

   1. Advento 2. Ano litúrgico 3. Celebrações litúrgicas 4. Igreja Católica – Liturgia 5. Natal I. Título.

17-03644   CDD-263.91

Índices para catálogo sistemático:

1. Advento e Natal: Ano litúrgico:
   Cristianismo 263.91

1ª impressão

Todos os direitos reservados à **EDITORA SANTUÁRIO** — 2017

Rua Padre Claro Monteiro, 342 — 12570-000 — Aparecida-SP
Tel.: 12 3104-2000 — Televendas: 0800 16 00 04
www.editorasantuario.com.br
vendas@editorasantuario.com.br

SUMÁRIO

Introdução 9

I. Ciclo do Natal 13
1. Período curto, porém denso 13
2. Tempos ou ciclo? 14

II. Tempo do Advento 17
1. Início do ano litúrgico 17
2. Celebrar o mistério do Senhor 18
3. Os profetas que anunciaram a chegada do Salvador 19
4. Os apóstolos de Jesus e a segunda vinda do Senhor 26
5. Os evangelistas e a preparação próxima
   da chegada do Salvador 27
6. Maria no Tempo do Advento 29
7. José no Tempo do Advento 31
8. Outros santos no Ciclo do Natal 33
9. Coroa do Advento 35
10. Montar o presépio 36

11. Enfeitar as casas: guirlanda, árvore de Natal e outros adornos 37
12. Novena do Natal 37
13. Antífonas do Ó 38
14. Montando a árvore de Natal 38
15. Papai Noel no Ciclo do Natal 40

III. Tempo do Natal 43
1. Uma das três grandes festas 43
2. Um pouco de história 44
3. Quando Jesus nasceu? 45
4. A Liturgia da solenidade do Natal 48
5. Maria no Tempo do Natal 49
6. Oitava do Natal 55
7. Solenidade da Epifania do Senhor 63
8. José no Tempo do Natal 66
9. Festa do Batismo do Senhor 68
10. O sentido das festas natalinas 73
11. Adeus ano velho – feliz ano novo 76

IV. Breves temas para meditação 81
1. Advento: tempo de esperança 81
2. O Messias na contramão 85
3. Memórias de Advento e Natal 87
4. A sobriedade do profeta 88
5. "Que devemos fazer?" 90

6. Natal, retorno às nossas raízes...91
7. Batismo é coisa séria! 92
8. Batismo e missão 95

Apêndice I:
**Santos e bem-aventurados brasileiros
ou que viveram no Brasil**...97

Apêndice II:
Exemplo de coroa do Advento 101

Apêndice I

Santos bem-aventurados brasileiros
os que viveram no Brasil 97

Apêndice II

Exemplo de coroa de Advento 101

Introdução

Os católicos podem fazer suas as palavras do poeta: "Eu era feliz e não sabia". Sim, pois na Liturgia se esconde um tesouro inimaginável. A beleza, a harmonia, a riqueza e a profundidade do ano litúrgico com seus ciclos ou tempos não cessam de surpreender. Ignorá-los é, de certa forma, abandonar a felicidade. Creio, firmemente, que se o católico conhecesse a fundo a religião, que professa seguir, não a abandonaria, correndo atrás de propostas menos qualificadas. Só o mau católico é que muda de religião. Muita gente se diz "católico não praticante", como se isso fosse possível. É como se fosse possível ser católico sem professar e viver aquilo que confessa ser.

Acrescenta-se a isso o fato de a mídia promover um perfil de padre televisivo que só canta (ou reza). Onde está o liturgista para explicar a Liturgia? Onde está o biblista? Onde está o especialista em Sacramentos? As perguntas poderiam continuar...

Há outra deficiência nisso tudo. Muitos dos que comandam redes de rádio, televisão e outros meios pensam que para o católico são suficientes terços, missas ou um devocionismo frágil. Não se trata de desvalorizar essas realidades, sobretudo a celebração da Eucaristia. Porém, reduzir a riqueza da nossa religião a isso é ignorar e descuidar do patrimônio que a Igreja quer proporcionar a seus fiéis.

Dito em outros termos, falta – e muito – formação cristã. Falta abrir para a formação dos fiéis os tesouros da Sagrada Escritura, da Liturgia, dos Sacramentos, da Patrística e assim por diante. O povo não precisa somente de oração, necessita também de formação cristã, para que sua fé seja mais sólida, estável; para que não venha a sucumbir diante da primeira pergunta que lhe for feita. E nós, padres, temos grande responsabilidade em tudo isso. Já dizia um santo dos tempos modernos: "Se damos ao povo aquilo que o povo quer, estaremos fazendo comércio religioso; se, pelo contrário, damos ao povo aquilo de que precisa, estaremos evangelizando".

E o povo precisa tanto de oração quanto de formação cristã. A Igreja com seus meios não deve furtar-se diante dessa tarefa. Tem muitos meios, porém os usa mal. Não aconteça conosco o mesmo que aconteceu com os mestres da Lei e fariseus do tempo de Jesus. Ele os criticou por fecharem ao povo as portas da sabedoria divina, escondendo aquilo que há de mais precioso.

Este livro – como tantos outros – quer ser uma porta aberta para o grande tesouro do Ciclo do Natal, que compreende o Tempo do Advento e o Tempo do Natal. Nele desenvolvemos basicamente um item do Creio, naquilo que se refere a Jesus Cristo, no qual afirmamos: "... nasceu da Virgem Maria". Portanto, nestas páginas, o leitor vai encontrar informações, formação e espiritualidade, essas três coisas que, a meu ver, nunca deveriam estar separadas. A leitura deste livro é como passear pelo Ciclo do Natal, em círculos, indo e vindo, avançando e retornando a temas já visitados para completá-los. Boa leitura e bom passeio!

I
CICLO DO NATAL

1. Período curto, porém denso

Dá-se o nome "Ciclo do Natal" ao período mais curto do ano litúrgico. Ele começa no primeiro domingo do Advento e termina na festa do Batismo do Senhor. Não tem data fixa para começar. Por exemplo: em 2022, inicia-se no dia 27 de novembro; em 2023, no dia 3 de dezembro. Seu encerramento também não tem data fixa, pois a festa do Batismo do Senhor é celebrada no domingo após o dia 6 de janeiro.

O Ciclo do Natal, portanto, é composto por cerca de 40 dias. É muito mais curto que o Tempo comum (34 ou 33 semanas) e também muito mais breve que o Ciclo da Páscoa, que se inicia com a quarta-feira de Cinzas e se encerra com a solenidade de Pentecostes.

Apesar de ser período breve, está repleto de solenidades e festas do Senhor, de Nossa Senhora, dos santos e também de festas populares, religiosas ou não. Sobressai o Natal do Senhor, solenidade que dá o título ao ciclo; Epifania do Senhor e Batismo do Senhor. De Maria, além de sua participação na solenidade do Natal e na festa da Sagrada Família, celebramos sua Imaculada Conceição (8 de dezembro), a festa de Nossa Senhora de Guadalupe, Padroeira principal da América Latina (12 de dezembro) e a solenidade da Santa Mãe de Deus (1º de janeiro).

Entre os santos mais importantes desse Ciclo destacamos as festas do apóstolo Santo André (30 de novembro), de Santo Estêvão, primeiro mártir da Igreja (26 de dezembro), de São João apóstolo e evangelista (27 de dezembro) e dos Santos Mártires Inocentes (28 de dezembro).

As festas populares não religiosas que se destacam são a barulhenta passagem de ano, na qual deixamos para a história o ano que termina e brindamos numa ceia ao novo ano que se inicia, e a festa popular, sobretudo no interior do País, dos Santos Reis, associada à solenidade religiosa da Epifania do Senhor.

2. TEMPOS OU CICLO?

Não estamos acostumados com a ideia de ciclo. Sempre se falou de tempos: Tempo do Advento, Tempo do Natal... Todavia, a ideia de ciclo parece mais completa, pois Advento e Natal são dependentes um do outro, e a solenidade do Natal é muito superior aos domingos do Advento. De fato, no *Missal Romano,* na tabela dos dias litúrgicos segundo sua ordem de precedência (p. 111), os domingos do Advento, da Quaresma e da Páscoa aparecem abaixo do Natal do Senhor, Epifania, Ascensão e Pentecostes. É essa interdependência por um lado, e por outro a maior importância do Natal em relação ao Advento que dá razão à ideia de Ciclo do Natal. A solenidade do nascimento de Jesus poderia existir sem o Advento, ao passo que o Advento não faria sentido sem o Natal. Um é a preparação; outro, a realização. O primeiro é a promessa; o segundo, o cumprimento. Além disso, Natal junto com Páscoa são as únicas solenidades contempladas com Oitava: uma semana inteira como sendo o mesmo dia.

Esclarecido esse sutil detalhe, podemos dizer: O Ciclo do Natal se compõe de dois tempos: Tempo do Advento e Tempo do Natal.

II

TEMPO DO ADVENTO

1. INÍCIO DO ANO LITÚRGICO

O começo do Advento (palavra que significa *vinda, chegada*) marca o início do ano litúrgico. Diferentemente do calendário civil, no qual o início do ano tem data fixa (1º de janeiro), o ano litúrgico se inicia no primeiro domingo do Advento e não tem data fixa para começar. Isso se deve ao fato de a solenidade do Natal poder cair em qualquer dia da semana, determinando a mobilidade dos domingos do Advento, que são sempre quatro. Desse modo, a última semana do Advento pode aparecer completa ou com alguns dias apenas. Exemplo: Suponhamos que o Natal caísse numa quarta-feira. O quarto domingo do Advento seria celebrado no dia 22 de dezembro, e a quarta semana seria muito breve.

No primeiro domingo do Advento, começa também o rodízio dos Anos A, B, C.

2. Celebrar o mistério do Senhor

A constituição conciliar *Sacrosanctum Concilium* nos recorda uma questão fundamental. Ela declara:

> "A Igreja tem por função comemorar a obra salvadora do seu divino esposo, em determinados dias, no decurso de cada ano. Toda semana, no domingo, justamente denominado dia do Senhor, celebra a ressurreição, como o faz uma vez por ano, juntamente com a paixão, a grande solenidade pascal" (102).

Em outras palavras, todos os domingos, também os domingos do Advento, são celebrações da Páscoa do Senhor. E acrescenta:

> "Relembrando assim os mistérios da redenção, a Igreja coloca os fiéis em contato com a riqueza das virtudes e méritos do seu Senhor, que se torna de certa maneira presente a todos os tempos e lhes abre o acesso à plenitude da graça da salvação" (*Idem*).

O mistério do Senhor, celebrado no Tempo do Advento, possui duas características: **1.** É preparação para as solenidades do Natal, mas, ao mesmo tempo, **2.** chama a atenção das pessoas a fim de que estejam preparadas para a segunda vinda de Cristo no final dos tempos. De qualquer forma, é sempre celebração na expectativa. Por isso, a cor litúrgica desse Tempo é o roxo, como na Quaresma. Aliás, Advento e Quaresma têm vários pontos em comum: a sobriedade, o apelo à vigilância ativa etc. A sobriedade se manifesta também na ausência do Hino de louvor nas celebrações, para que, na noite do Natal, a comunidade extravase a alegria contida, cantando o mesmo cântico que os anjos cantaram ao anunciar aos pastores de Belém o nascimento do Salvador: "Glória a Deus no mais alto dos céus, e paz na terra aos homens por ele amados" (Lucas 2,14).

3. OS PROFETAS QUE ANUNCIARAM A CHEGADA DO SALVADOR

A primeira leitura da Liturgia da Palavra dos domingos do Advento é sempre tirada do Antigo Testamento e quase exclusivamente dos textos proféticos. Isaías aparece nos anos A e B do primeiro domingo; nos anos A e B do segundo domingo; nos anos A e B do terceiro domingo e no Ano A do quarto domingo. Jeremias tem presença discreta: comparece no Ano C do primeiro domingo. O mesmo acontece com Baruc (Ano C do segundo domingo), Sofonias (Ano C do terceiro domingo) e Miqueias (Ano C do quarto domingo). No quarto domingo do Ano B aparece o importante texto do segundo livro de Samuel (7,1-16).

De modo geral, essas leituras, formando um todo com o Evangelho e a segunda leitura, estão cheias de esperança, expectativa alegre e vigilante. Ao ouvi-las, o coração dos fiéis se enche de confiança, pois o amor de Deus para com a humanidade está prestes a dar a maior prova.

* *Isaías*: o maior dos profetas e, com certeza, o profeta que mais anuncia a chegada do Messias. Seu extenso livro (66 capítulos), na verdade, é fruto de três autores que viveram em épocas e situações diferentes. Costuma-se denominá-los "Primeiro Isaías" ou simplesmente "Isaías", "Segundo Isaías" e "Terceiro Isaías". Os 66 capítulos são distribuídos da seguinte forma: Primeiro Isaías (capítulos 1 a 39), Segundo Isaías (40 a 55) e Terceiro Isaías (56 a 66). A época de cada um deles: o Primeiro Isaías viveu e pregou antes do exílio babilônico (iniciado em 586); o Segundo Isaías (capítulos 40-55) viveu e pregou no exílio e durante o exílio babilônico (586-538 antes de Cristo). O Terceiro Isaías é um judeu que viveu

na Palestina depois que os exilados retornaram à terra e tiveram de reconstruir sua identidade a duras penas. É a mesma época dos profetas Ageu e Zacarias. Cada autor tem suas peculiaridades. O Primeiro Isaías pode ser visto como o profeta das denúncias contra Jerusalém, esposa de Javé, e representante de todo o povo. Ela se perverteu, traindo sua vocação de esposa do Senhor. Os profetas chamam a isso "prostituição". O Segundo Isaías pode ser chamado "profeta da consolação". No exílio, não cessa de estimular o povo, incutindo esperança no retorno à pátria. O Terceiro Isaías tem como ponto forte a denúncia do fechamento do povo de Deus. Voltando do exílio, surgiu o Judaísmo, alicerçado sobre três bases: Templo, Lei e Raça. Esse profeta denuncia o fechamento do Judaísmo em torno da raça. Vale a pena ler os capítulos finais.

Na Liturgia da Palavra dos domingos do Advento, os "três Isaías" têm a seguinte distribuição: Primeiro Isaías: quatro domingos, Ano A; Segundo Isaías: segundo domingo, Ano B; Terceiro Isaías: primeiro e terceiro domingos, Ano B.

* *Jeremias*. O começo do livro de Jeremias oferece uma indicação importante acerca da época em que o profeta viveu (1,1-3): "Estas são palavras de Jeremias, filho de Helcias, um dos sacerdotes que moravam em Anatot, no

território de Benjamim. Javé lhe falou no décimo terceiro ano do reinado de Josias, filho do rei de Judá, chamado Amon. E também quando reinava Joaquim, filho de Josias, até o décimo primeiro ano do reinado de Sedecias, filho de Josias, rei de Judá, até a deportação, no quinto mês".

Com essas indicações na mão, podemos situar a ação do profeta a partir do ano 626 até julho de 587. No primeiro domingo Ano C, a primeira leitura é Jeremias 33,14-16. Os capítulos 33-39 contêm promessas depois da queda de Jerusalém. Na leitura desse dia escutamos: "Farei brotar para Davi um broto justo, que exercerá no país o direito e a justiça". É a promessa de um descendente do rei Davi capaz de promover a justiça. A Liturgia viu aí uma promessa de Jesus Messias.

* *Baruc*. Junto com o livro da Sabedoria, o Eclesiástico, os dois livros dos Macabeus, o livro de Judite e o livro de Tobias, o livro de Baruc (= Bendito, Benedito, Abençoado, Bento) é chamado de deuterocanônico, isto é, aprovado como livro inspirado num segundo momento, quando ficou definido quais eram e quais não eram os livros a serem considerados como Sagrada Escritura e Palavra de Deus. Por ter chegado a nós escrito em grego, esse livro só se encontra nas Bíblias dos católicos, sendo rejeitado como não inspirado pelas Bíblias protestantes.

Sendo um livro escrito em grego, é descabido pensar que tenha surgido na época nele descrita, isto é, no tempo do cativeiro na Babilônia. Os estudiosos, hoje em dia, estão propensos a uma data bem próxima do Novo Testamento, entre os anos 100 e 50 antes de Cristo. Ele seria, portanto, um dos livros mais jovens do Antigo Testamento.

Nele encontramos um trecho profético (4,5-5,9), do qual foi tirada a 1ª leitura do 2º domingo Ano C (5,1-9). A Palavra é dirigida a Jerusalém. Abandonada pelo esposo, a cidade é vista qual viúva, cuja situação se agrava por não ter perto de si os filhos que foram levados para o exílio na Babilônia. Apesar disso, ela se mostra confiante e pressente a proximidade da salvação.

* *Sofonias*. O começo do livro deste profeta fornece importantes indicações acerca do seu tempo: "Palavra que Javé dirigiu a Sofonias, filho de Cusi, neto de Godolias, bisneto de Amarias, tataraneto de Ezequias, no tempo do rei de Judá chamado Josias, filho de Amon" (1,1).

Amon (642-640) foi pai do rei Josias, que governou o Reino do Sul de 640 a 609 antes de Cristo. Josias foi o rei que promoveu a mais importante reforma político-religiosa do Reino do Sul. Percorrendo o livro de Sofonias, encontramos severa condenação da idolatria. Por boca do profeta, Javé declara: "Vou estender minha mão contra Judá e contra todos os habitantes de Jerusalém. Vou destruir deste lugar o resto de Baal, o nome dos sacerdotes dos ídolos, aqueles que se prostram nos terraços das casas diante do exército dos céus, aqueles que se ajoelham diante de Javé, mas juram por Melcom (deus dos amonitas), aqueles que se afastam de Javé, não o procuram nem o consultam" (1,4-6).

O trecho tomado como 1ª leitura do terceiro domingo Ano C (3,14-18a) é convite dirigido a Jerusalém, a fim de que se alegre e exulte, pois Javé revogou a sentença, o inimigo já não existe, a sorte foi mudada.

* *Miqueias*. O nome Miqueias significa provavelmente "Quem é como Javé?" O autor do livro não deve ser confundido com o Miqueias Ben-Jemla de 1 Reis 22.

Miqueias foi um profeta natural de Morasti, no Reino do Sul. Sua cidade ficava na Sefelá, uma região de colinas férteis, produtoras de cereais, onde se cultivavam parreiras, figueiras, oliveiras e se criavam rebanhos. Naquele tempo, era a região mais populosa do Reino do Sul, com muitas cidades fortificadas.

Miqueias foi profeta das aldeias e representou o clamor dos camponeses, vítimas da ganância de fortes grupos que os exploravam a partir das grandes cidades:

comerciantes ladrões, lideranças injustas, profetas e sacerdotes gananciosos, juízes corruptos etc.

A segunda parte (de onde tiramos a primeira leitura - 5,1-4ª - do quarto domingo Ano C) é feita de promessas. Elas se referem exclusivamente à cidade de Jerusalém, chamada de Sião. Para Israel, este será um tempo de glória e de paz. É aqui que se insere a profecia de Miqueias mais apreciada pelos primeiros cristãos. Ele anuncia o ressurgimento da dinastia de Davi mediante o aparecimento de um líder nascido em Belém, cidade de Davi, que será grande até os confins da terra. Ele vai conduzir o povo como um pastor conduz o seu rebanho (5,1-4). Esse texto serviu de senha aos assessores de Herodes, que desejava saber onde nasceria o Rei dos Judeus (veja Mateus 2,6).

* No Ano B, quarto domingo, escutamos 2 Samuel 7,1-16 como primeira leitura. O texto é importante porque oficializa a promessa de uma dinastia ao rei Davi. Este pretende construir uma casa para Javé (Templo), mas é Deus quem constrói para Davi uma casa (dinastia). É aí que o Evangelho de Mateus se inspirou para compor a árvore genealógica de Jesus, arranjando a seu modo o período da monarquia. Com isso, pretende mostrar aos cristãos a ele ligados a realização dessa promessa em Jesus, autêntico Rei descendente de Davi.

4. Os apóstolos de Jesus e a segunda vinda do Senhor

A segunda leitura dos domingos do Advento consta de breves trechos das cartas dos Apóstolos que já viveram e experimentaram a presença amorosa de Deus na pessoa de Jesus Cristo. E estimulam as comunidades a caminharem na esperança, em vista da segunda vinda do Senhor. O apóstolo Paulo é quem mais comparece. No primeiro domingo: Ano A: Romanos 13,11-14; Ano B: 1 Coríntios 1,3-9; Ano C: 1 Tessalonicenses 3,12-4,2. Segundo domingo: Ano A: Romanos 15,4-9; Ano C: Filipenses 1,4-6.8-11. Terceiro domingo: Ano B: 1 Tessalonicenses 5,16-24; Ano C: Filipenses 4,4-7. Quarto domingo: Ano A: Romanos 1,3-7; Ano B: Romanos 16,25-27. Outros apóstolos marcam presença: Ano B, segundo domingo: Pedro, com a segunda carta (3,8-14); Tiago, terceiro domingo, Ano A (57-10). O autor de Hebreus (10,5-16) se apresenta no quarto domingo, Ano C.

* Numa visão de conjunto, podemos afirmar que a segunda leitura de todos os domingos do Tempo do Advento segue um dos seguintes critérios: **1.** Refere-se à segunda vinda do Senhor no final dos tempos. Aí a linguagem é apocalíptica ou escatológica; **2.** Fala da proximidade dessa vinda, motivo pelo qual os fiéis devem estar vigilantes e bem prontos para acolhê-lo; **3.** Refere--se à vinda contínua e permanente do Senhor, cuja visita é percebida pelas comunidades em ocasiões especiais; **4.** O texto em questão expressa o desejo do autor de que o Senhor venha.

5. OS EVANGELISTAS E A PREPARAÇÃO PRÓXIMA DA CHEGADA DO SALVADOR

Seguindo basicamente o esquema dos Anos A, B e C, os Evangelhos narram a proximidade das festas natalinas. Lucas, por ser aquele que mais fala da chegada do Salvador, tem presença garantida nos quatro domingos, Ano C. Além disso, toma o lugar de Marcos (Ano B) no terceiro domingo. Mateus é lido nos quatro domingos do Ano A. Marcos (Ano B) – talvez por sua escassez de textos – além de ceder o lugar a Lucas no quarto domingo, cede também o lugar no terceiro, desta vez, ao apóstolo e evangelista João (terceiro domingo).

* De modo geral, os Evangelhos dos domingos do Advento seguem este esquema: no primeiro domingo lemos trechos do discurso escatológico de cada evangelista (Mateus 24,37-44; Marcos 13,33-37; Lucas 21,25-28.34-36). É linguagem usada em textos apocalípticos, difícil de assimilar. A mensagem quer suscitar vigilância ativa, à espera do Senhor, sobretudo na sua segunda vinda. É nesse sentido que o *Missal Romano* (p. 106) fala das duas características desse Tempo. A primeira é como se voltássemos ao tempo de João Batista; a segunda nos faz olhar para frente, preparando-nos para a segunda vinda do Senhor. No segundo domingo, a figura central é João Batista preparando o povo para a chegada do Reino na pessoa de Jesus. Mateus 3,1-12 vê o Precursor como aquele que prega no deserto e é anunciado por Isaías. Pede conversão e batiza quem adere. Jesus é visto como juiz severo. Marcos 1,1-8 vê João Batista como o mensageiro que vai à frente, anunciado pelo profeta Malaquias. Recebem destaque seu vestuário e dieta. Anuncia o portador do batismo com o Espírito Santo. Lucas 3,1-6 oferece um panorama histórico. João Batista é o realizador da promessa de Isaías: todo homem verá a salvação de Deus. No terceiro domingo sobressai ainda a figura do Precursor, que não anuncia o nascimento de Jesus, mas, seu comparecimento como adulto e portador da Boa Notícia. Em Mateus 11,2-11 tenta-se desfazer o mal--entendido de Jesus apresentado por João como juiz severo e rigoroso. Ele é misericordioso Messias dos desvalidos. João 1,6-8.19-28: João Batista anuncia testemunhando. Seu testemunho tem várias etapas e se dá numa situação tensa com as autoridades judaicas de Jerusalém. Lucas 3,10-18: João Batista mostra a vários grupos o que fazer como preparação para acolher o Messias: partilhar, não se corromper, não ser violento... No quarto domingo a figura importante é Maria, Mãe do Salvador. Personagens coadjuvantes: o esposo, José, e a prima, Isabel. Mateus 1,18-24: o drama de José e seu modo de entender e praticar a justiça. Lucas 1,26-38: o anúncio do anjo a Maria. Lucas 1,39-45: grávida de Jesus, Maria vai servir Isabel. É a missionária por excelência.

6. MARIA NO TEMPO DO ADVENTO

Direta ou indiretamente, Maria é celebrada intensamente no Ciclo do Natal. No Tempo do Advento, temos a solenidade da Imaculada Conceição de Nossa Senhora (8 de dezembro), e a festa de Nossa Senhora de Guadalupe (12 de dezembro). No Tempo do Natal do Senhor (25 de dezembro), nós a recordamos de maneira consistente, pois é ela quem dá à luz o Salvador. Na festa da Sagrada Família (domingo na Oitava do Natal ou na ausência de domingo, dia 30 de dezembro), nós a celebramos ao lado do seu Filho Jesus e de São José. No primeiro dia do ano, nós a festejamos na solenidade de Santa Maria, Mãe de Deus. Ela comparece, ainda, indiretamente, na solenidade da Epifania do Senhor.

Vamos ver brevemente cada uma dessas ocorrências. No Tempo do Advento:

Solenidade da Imaculada Conceição de Nossa Senhora. É sempre celebrada no dia 8 de dezembro. De acordo com a tabela dos dias litúrgicos, segundo sua ordem de precedência, se esse dia for domingo, a precedência seria do domingo do Advento. Porém, em nosso país, a Conferência dos Bispos (CNBB) determinou que, caso esse dia caia no domingo, a precedência deve ser dada à solenidade da Imaculada. Trata-se de um dos dogmas de Maria, proclamado pelo Papa Pio IX em 1854. Dogma é uma verdade de fé que nós aceitamos e celebramos. De fato, embora a Bíblia não confirme explicitamente, nós católicos aceitamos também os ensinamentos do Magistério da Igreja e nos alegramos com o fato de Maria ter sido concebida sem pecado.

Festa de Nossa Senhora de Guadalupe, Padroeira principal da América Latina. A figura de Nossa Senhora, conhecida como a Virgem de Guadalupe, apareceu impressa na cidade do México, na manta do índio Juan Diego (hoje santo) em 1531. Em 1910, São Pio X proclamou-a Padroeira da América Latina. Mistério profundo envolve a figura de Maria impressa na roupa de Juan Diego, e multidões acorrem ao longo de todo o ano ao seu santuário, erguido junto à colina Tepyac, na capital mexicana.

7. JOSÉ NO TEMPO DO ADVENTO

Falar de José no Tempo do Advento é fácil e difícil ao mesmo tempo. É fácil, porque os Evangelhos falam pouco, e ele não produz palavra alguma. O Evangelho de Mateus diz apenas que era *justo*. É difícil, pois a palavra *justo* diz tudo, um montão de coisas. É fácil – dizem alguns –, porque basta seguir as ordens do anjo que lhe revela os passos enquanto dorme. É difícil, rebatem outros, porque é preciso esperar e merecer que os anjos lhe falem.

Sim, a qualificação *justo* diz tudo acerca do esposo de Maria. Ele é representado como velho viúvo, mas isso não está nos Evangelhos inspirados. É preciso ver nele um judeu forte, jovem, reto, *justo*. E, quando é assim denominado por Mateus, o evangelista o põe em pé de igualdade com os grandes justos da história do povo de Deus, sobretudo Abraão e Davi, rei do qual ele é descendente, e, por adotar Jesus como filho, torna-o legítimo descendente do rei Davi, o justo.

Mateus fala bastante de José. O episódio que explica bem a forma como ele entende e pratica a justiça é este: Ele e Maria eram noivos, e o noivado já vinculava os dois como se estivessem casados. Maria dá sinais de gravidez. E José sabe que o filho não é dele. Maria então o traiu? É adúltera? Basta denunciá-la, e ela será morta a pedradas. É a Lei que manda agir assim. Mas José é *justo*. Prefere separar-se em segredo de sua noiva. O povo vai pôr toda a culpa nele, que engravida a noiva e depois a abandona. Nisso ele se parece com o patriarca Abraão quando se trata de separação de terras. Ele, mais poderoso, deixa que o frágil sobrinho Ló escolha. E Ló, que não era bobo, escolhe o melhor. Com isso Abraão salva vidas. Ou como o guerrilheiro e futuro rei Davi, quando tem em mãos a vida do rei Saul. Pode matá-lo sem piedade, mas escolhe poupá-lo, salvando-lhe a vida. Assim se tornam justos os grandes da humanidade: perdendo para poupar a vida dos mais fracos. Assim é José. Sua justiça é superior à justiça da Lei fria, que diz: "Pode matar, deve matar". Somente depois de ter feito essa opção, o anjo lhe aparece em sonho, explicando a José aquilo que aconteceu com Maria. Antes da opção pela nova forma de entender e exercer a justiça, o anjo não aparece.

De acordo com os Evangelhos de Mateus e Lucas, José deve ter nascido em Belém e ser descendente de

Davi. E lá vai ele com a esposa cadastrar-se para a arrecadação de impostos. Maria vai dar à luz. A casa onde ele pede hospedagem devia pertencer aos parentes dele. Mas não há lugar. Eles então se instalam fora da casa, debaixo do puxadinho junto à parede, onde se abrigavam os animais. Não poderia José reivindicar um espaço para a Mãe e o Salvador dentro de casa? Mas ele é como Abraão, homem *justo*. Sua grandeza está em aceitar a humildade...

8. OUTROS SANTOS NO CICLO DO NATAL

Por que recordar outros santos, cuja *memória* é celebrada dentro do Ciclo do Natal? A resposta é simples: no fundo, não celebramos apenas a memória e a vida de determinado santo, mas, sim, a vida de Cristo e seu mistério, praticados em grau heroico, na vida desse ou daquele santo, que desenvolveu e aperfeiçoou durante a própria vida a imitação de Cristo. Dessa forma, sempre que se celebra algum santo, na verdade, estamos celebrando a vida de Cristo na vida desse santo.

Vamos, então, ver quais santos são contemplados em sua *memória* entre os dias 27 de novembro e 13 de janeiro, datas extremas do Ciclo do Natal (os santos celebrados com *festa* serão contemplados em outro lugar. Ver adiante):

3 de dezembro: memória de São Francisco Xavier
4 de dezembro: memória facultativa de São João Damasceno
6 de dezembro: memória facultativa de São Nicolau
7 de dezembro: memória de Santo Ambrósio
9 de dezembro: memória facultativa de São João Diego
10 de dezembro: memória facultativa de Santa Joana Francisca de Chantal
11 de dezembro: memória facultativa de São Dâmaso I
13 de dezembro: memória de Santa Luzia
14 de dezembro: memória de São João da Cruz
21 de dezembro: memória facultativa de São Pedro Canísio
23 de dezembro: memória facultativa de São João Câncio
31 de dezembro: memória facultativa de São Silvestre I
2 de janeiro: memória dos Santos Basílio Magno e Gregório Nazianzeno
7 de janeiro: memória facultativa de São Raimundo de Penyafort*
13 de janeiro: memória facultativa de Santo Hilário

* No dia 7 de janeiro, celebra-se no Brasil a Bem-aventurada Lindalva Justo de Oliveira, mártir. Veja, em Apêndice I, todos os Santos e Bem-aventurados brasileiros ou que viveram no Brasil.

9. Coroa do Advento

A coroa do Advento – montada e exposta nas igrejas – é um universo simbólico. Nela estão presentes o reino vegetal (a planta verde com a qual é confeccionada), o reino animal (a cera de suas velas, produzida pelas abelhas) e provavelmente também o reino mineral. Sua figura geométrica (círculo) simboliza o infinito – só Deus é infinito –, e dentro desse círculo há quatro velas em forma de cruz (que fazem lembrar os pontos cardeais e o mistério da nossa redenção). Uma fita vermelha circunda a coroa.

As cores das velas – podem ser todas brancas – são: roxo, verde, vermelho e branco; são respectivamente as cores usadas na Liturgia ao longo do ano litúrgico. No primeiro domingo do Advento, acende-se a vela roxa (cor própria do tempo litúrgico). No segundo domingo, a roxa e a verde; no terceiro acrescenta-se a vela vermelha e, no quarto, a branca (a cor branca é a união de todas as cores). Podemos ainda dissertar sobre o sentido de algumas cores: verde = ecologia e meio ambiente, e assim por diante.

Alguns veem em cada vela o simbolismo das promessas de Deus ao longo da história. Assim: a vela branca recorda as promessas messiânicas feitas a Adão e Eva; a verde = promessas feitas a Abraão; vermelha = promessas feitas ao rei Davi; branca = promessas feitas aos profetas. (Em Apêndice

II, você encontrará um formulário de bênção da coroa – que poderá ser modificado segundo as circunstâncias. Baseia-se nos quatro pontos cardeais e na divina misericórdia, além de trazer adaptadas as Antífonas do Ó.)

10. MONTAR O PRESÉPIO

No início do Advento, nas igrejas e também nas casas, é costume montar o presépio para recordar o ambiente em que Jesus nasceu. Em princípio, o presépio consta apenas da presença de Maria e José. Na missa da noite de Natal, costuma-se entronizar o Menino Jesus, a seguir, os pastores e, mais adiante, os magos (astrólogos). O presépio é desfeito após a solenidade da Epifania do Senhor.

Atribui-se a Francisco de Assis a criação do primeiro presépio, realizada em 1223, na aldeia de Greccio (Itália). A partir daí, criaram-se presépios de toda espécie e tamanho; alguns deles são verdadeiras obras de arte.

A montagem e sua visita podem ser excelente ocasião para a catequese das crianças, mostrando a simplicidade e pobreza do evento. De fato, presépio significa *estábulo*, lugar em que José e Maria se instalaram para que Jesus nascesse. Naquele ambiente, o estábulo era construído na parede de fora da casa, por isso uma manjedoura serviu de berço ao Menino Jesus. Esses fatos são narrados no capítulo 2 do

Evangelho de Lucas. Isso é o essencial, mas os presépios muitas vezes foram cercados de fatos folclóricos.

11. Enfeitar as casas: guirlanda, árvore de Natal e outros adornos

No Tempo do Advento, costuma-se também enfeitar as casas. O adorno externo mais comum é a guirlanda, cuja confecção e formato se assemelham à coroa do Advento. Na origem, seu material era basicamente a azinheira e o pinheiro entrelaçados e adornados com enfeites. O lugar da guirlanda é na porta de entrada da casa, no alto, do lado de fora, visível às pessoas que passam na rua.

Há muitos outros enfeites que anunciam o Natal. Eles dão às casas um clima de festa. Nossas cidades, em ritmo crescente, embelezam ruas e praças com milhares de pequenas lâmpadas, coloridas ou não, piscantes ou não, de modo que na preparação para a festa do nascimento de Jesus antecipadamente se vive em clima festivo.

12. Novena do Natal

Em clima de expectativa, muitas comunidades cristãs promovem no Tempo do Advento a novena do Natal.

Encontram-se à disposição inúmeros subsídios para esse fim. Muitas novenas acontecem nas casas, sendo ocasião de encontro entre as pessoas. Não faltam nesses subsídios as preocupações com os necessitados, de sorte que se organizam mutirões para aliviar a carência dos pobres.

13. Antífonas do Ó

São assim chamadas as antífonas da antiga novena do Natal e estão ligadas a Nossa Senhora grávida, prestes a dar à luz. Recebem esse nome porque começam com essa exclamação de maravilhamento. Foram compostas, em latim, entre o sétimo e oitavo séculos. Dirigem-se a Cristo, e todas elas terminam com pedido: "Vem, não tardes mais". Cada uma contém um título messiânico dirigido a Cristo. Assim: 17 de dezembro: Ó Sabedoria; 18 de dezembro: Ó Adonai; 19 de dezembro: Ó Raiz de Jessé; 20 de dezembro: Ó Chave de Davi; 21 de dezembro: Ó Oriente; 22 de dezembro: Ó Rei das nações; 23 de dezembro: Ó Emanuel.

14. Montando a Árvore de Natal

No Tempo do Advento, sobretudo dentro das casas, costuma-se montar a árvore de Natal. Com as leis ambientais em vigor, em vez do pinheirinho natural, passou--se a usar árvores artificiais. Não há uma regra fixa para enfeitá-la, mas não podem faltar as bolas douradas e vermelhas, os sininhos, as luzes... A origem dessa prática é antiga, e o pinheirinho havia sido a árvore escolhida por conservar intacta e verde sua ramagem até em pleno e rigoroso inverno. Algumas famílias adquirem árvore natural, replantando-a posteriormente, passados os dias festivos.

As bolas na origem eram maçãs – amarelas ou vermelhas – pendentes da árvore. No hemisfério norte, o mês de dezembro marca o início do inverno, e quem ainda tivesse em sua despensa algumas maçãs, podia considerar-se felizardo. Os tempos mudaram, e hoje temos as câmaras refrigeradas para a conservação dessas frutas. Os sinos são um dos instrumentos de comunicação mais antigos, é compreensível, portanto, que não devam faltar entre os enfeites da árvore.

Ideal seria que em nosso país essas coisas fossem adaptadas à realidade do povo brasileiro. Mas, visto que estamos tão enraizados ou distraídos, ninguém arrisca qualquer mudança. A árvore de Natal é memorial do nascimento do Salvador. Há inúmeras árvores à nossa espera, aguardando o momento que depende de nossa tomada de consciência e criatividade.

15. Papai Noel no Ciclo do Natal

Papai Noel é São Nicolau deteriorado. Nicolau foi bispo de Mira, na atual Turquia. Viveu por volta do século IV. Pessoa boa e caridosa, sua figura foi associada às festas do Natal, tornando-se Papai Noel, garoto-propaganda do comércio natalino. Relegado ao silêncio durante boa parte do ano, desperta alguns meses antes do Natal, atiçando o comércio e iludindo as pessoas. O maior desvio desse personagem barrigudo é roubar a festa do aniversariante, Jesus. Desaparece depois do Natal, hibernando até o próximo, quando será despertado e ativado como carro-chefe do consumismo.

Tem o mérito de dividir as pessoas entre as que são a favor e as que são contra. Mas não se pode negar o poder do seu fascínio, sobretudo nas crianças. Pode haver algum aspecto positivo na sua figura, mas sua imagem costuma virar fumaça quando as pessoas crescem e se dão conta de que era um devaneio da infância, um truque que o comércio sabe usar muito bem para transformar o Natal na festa mais lucrativa do ano.

Talvez por isso podemos acusá-lo de suscitar uma multidão de adultos descontentes, que passam o Natal tristes ou indiferentes ou solitários e que, ainda, não veem nada de atrativo nessa festa, exacerbada pelos fogos de artifício que explodem à meia-noite. Talvez esse velho barbudo possa ser comparado aos fogos de artifício: sobem alto, explodem, brilham por poucos segundos e deixam no ar um cheiro forte de fumaça.

Pessoalmente não gosto do Papai Noel. Tem o demérito de deturpar o sentido do Natal. Além disso, é distribuidor de paliativos: entrega um presentinho ilusório – na verdade quem paga são os pais – e depois some, porque o comércio volta à sua normalidade. Ele não costuma falar; simplesmente diz "ho-ho", toca um sininho e, quando muito, distribui algumas balinhas para as crianças. Ele é velho, como velhas são suas atitudes. Não gerou filhos, a fim de experimentar quanto custa educá-los, formá-los cidadãos.

E o Menino Jesus? Ele não deu presentes, mas tornou-se presente, o maior presente que a humanidade recebeu. Mas quem se recorda que o Natal é sua festa? Ele ensina a sermos presente para os outros; aquele outro só se interessa que gastemos com presentes. Menos mal, pois há pessoas sensíveis que no dia do Natal pensam nos outros, sobretudo nas crianças pobres e nos idosos. Idosos, sim, porque de alguma forma voltaram a ser crianças. Eles esperam ganhar carinho, respeito, valorização. Que o Papai Noel volte lá para a sua fria Lapônia e adormeça de um sono que não se acaba.

III

TEMPO DO NATAL

1. UMA DAS TRÊS GRANDES FESTAS

O Natal, além do ponto alto do ciclo, que leva seu nome (ciclo do Natal), do tempo litúrgico (Tempo do Natal) é, com Páscoa e Pentecostes, uma das três grandes solenidades cristãs e católicas. Sua importância é dada também pelo fato de possuir a Oitava, ou seja, trata-se de solenidade que se prolonga por uma semana inteira, fato concedido a ele e à solenidade da Páscoa do Senhor. É o começo daquilo que proclama o Evangelho de João: "A Palavra se tornou homem e veio habitar entre nós" (João 1,14). Sobre esses três pilares se constrói todo o ano litúrgico, e a humanidade inteira, criada à imagem e semelhança de Deus, vê tornar-se realidade a grande maravilha inaudita e insuperável: Deus amou tanto a humanidade a ponto de decidir encarnar-se como um dos seus membros. O sonho acalentado por Isaías, o qual ansiava que os céus se rasgassem e Deus descesse, tornou-se realidade na solenidade que celebramos. Sem o Natal, Deus não estaria completo e arriscaria ser visto como ídolo distante e solitário. Mas agora, vindo plantar sua tenda em nosso meio, Deus não só fez os tempos chegarem à sua plenitude, como também Ele próprio está completo, inteiro: Deus e não ídolo. Isso graças à humanidade que Ele criou, desejou e amou a ponto de querer experimentar na carne esse amor incontido.

2. Um pouco de história

A celebração do nascimento de Jesus tem origem pagã, e isso de modo nenhum atrapalha a fé dos cristãos. Surgiu aos poucos em Roma, quando se celebrava a festividade do Sol Invencível. No hemisfério norte, os dias próximos ao Natal têm uma característica importante. São os dias em que a luz do sol vai ganhando segundos preciosos em relação à noite. A luz vai vencendo as trevas. Na mentalidade popular dos primeiros séculos da era cristã, a ameaça de que o sol desapareceria foi contida. Ele se recuperou e voltou a brilhar, cada dia ganhando instantes preciosos. Tornou-se invencível.

Os primeiros cristãos viram nisso um caminho para celebrar o Senhor Jesus. As igrejas do Oriente não celebravam o Natal. Para elas, a festa da Epifania era a mais importante. Refletindo sobre esses fatos, os cristãos ocidentais chegaram à conclusão de que valia a pena "batizar" essa festividade pagã, substituindo-a pela festa do nascimento do Salvador. E tinham o respaldo das Escrituras, sobretudo do profeta Malaquias (3,20), que fala da chegada divina, como o sol que traz em seus raios a salvação: "Mas para vocês que temem a Javé brilhará o sol da justiça, que cura com seus raios".

Nesse tempo, celebrava-se em Roma outra realidade, ou seja, a festa de uma divindade persa, o deus Mitra, que gozava de grande aceitação, sobretudo, entre os soldados. Mitra significa *Amigo* e, na mitologia persa, é identificado com o Sol, deus da sabedoria e da guerra, que diariamente viajava pelo céu em sua carruagem, espantando as forças das trevas. Os cristãos dos primeiros séculos perceberam que tudo isso estava presente de forma perfeita na pessoa de Jesus. E, aos poucos, foi surgindo o Natal do Senhor.

3. QUANDO JESUS NASCEU?

Com certeza, Jesus não nasceu no dia 25 de dezembro. Mas isso não tem importância. Provavelmente, se você viajar bem para o interior do país e encontrar uma pessoa bem idosa, não ficará sabendo a data do seu nascimento. Mas também isso não é motivo de orgulho, pois todo brasileiro tem direto à documentação. Talvez essa pessoa – ou alguém ainda mais idoso – tenha ouvido falar que nasceu, por exemplo, na época do plantio, ou na época da estiagem, ou na época da grande enchente, e assim por diante. Esses dados – escritos em outra forma – estão presentes no Evangelho de Lucas (capítulo 3,1ss) quando apresenta o surgimento de João Batista como anunciador da chegada do Messias. Mas isso não leva à conclusão acerca da data do nascimento de Jesus. O anúncio de João Batista se refere à apresentação de Jesus adulto.

No capítulo 2 do seu Evangelho, Lucas associa o nascimento de Jesus a um recenseamento decretado pelo imperador Augusto e diz que isso se deu quando Quirino era governador da Síria. Mas também isso é incerto. De modo que não sabemos exatamente o ano do nascimento do Salvador. Menos ainda o dia e o mês.

Podemos chegar perto da época dentro daquele ano desconhecido. De fato, Lucas 2,8 afirma, ao falar do nascimento do Salvador: "Naquela região havia pastores, que passavam a noite nos campos, tomando conta dos rebanhos". Essa informação é importante. No hemisfério norte, o inverno acontece exatamente quando entre nós é verão (dezembro a março). E, nesse período, os pastores da Palestina não passavam a noite a céu aberto com seus rebanhos. Isso acontecia quando as noites eram quentes, e lá o verão vai de junho a setembro. Era impensável manter rebanhos a céu aberto durante o inverno, pois é tão frio que chega a cair neve. E é impensável que pessoas dormissem nos campos nessa época de frio, pois corriam risco de morrer congeladas.

Lucas afirma que pastores e rebanhos estavam nos campos durante a noite, e isso deve ter acontecido no verão do hemisfério norte. Portanto, é fantasia das pessoas mostrar cartões de Natal com neve, como é fantasia camuflar o presépio com neve. Não conhecemos o ano em que Jesus nasceu, mas temos certeza de que não nasceu no inverno. Isso se dá porque levamos a sério a informação de Lucas. Isso deixa alguém chateado e decepcionado? Paciência! A neve não é essencial para a salvação!

Portanto, desconhecemos o dia, o mês e o ano do nascimento de Jesus, como desconhecemos as datas da sua segunda vinda.

Assim como a Páscoa determina outras datas, o Natal determina a Anunciação do Senhor (nove meses antes = 25 de março), e esta determina a Natividade de João Batista (três meses depois = 24 de junho). O Natal determina também outra ocorrência, por exemplo, a festa da Apresentação do Senhor (quarenta dias depois = 2 de fevereiro), segundo as normas do Levítico (12,3-4) seguidas por Maria (Lucas 2,22ss).

4. A LITURGIA DA SOLENIDADE DO NATAL

A Liturgia da solenidade do Natal é muito rica, e sua riqueza está à disposição de todos. O Natal contempla quatro missas com suas respectivas leituras: *Missa da vigília* (entardecer do dia 24): Isaías 62,1-5; Atos dos Apóstolos 13,14-25; Mateus 1,1-25. *Missa da noite* (meia-noite; conhecida como "Missa do Galo"): Isaías 9,1-6; Tito 2,11-14; Lucas 2,1-14. *Missa da aurora*: Isaías 62,1-12; Tito 3,4-7; Lucas 2,15-20. *Missa do dia*: Isaías 52,7-10; Hebreus 1,1-6; João 1,1-18. (Para algum tópico de reflexão, veja acima, item 1.)

A abundância de missas, com as respectivas leituras, demonstra como é importante a solenidade do Natal do Senhor. Normalmente as comunidades antecipam o horário da meia-noite para depois do escurecer, e celebra-se a missa prevista para a meia-noite. De fato, se desconhecemos o dia, o mês e o ano do nascimento do Salvador, por que buscar um horário tão estranho para celebrá-lo? É nessa missa que ressoam forte os acordes do Glória e repicam alegremente os sinos, enquanto a imagem do Menino Jesus é depositada na manjedoura do presépio.

MISSA DO GALO: POR QUE SE CHAMA ASSIM?

Desconhece-se a origem da tradição que designa, dessa forma, a missa da meia-noite do Natal. A explicação mais interessante é esta: o galo anuncia com o canto a chegada da aurora e o nascer do sol. Mas para os fiéis o autêntico Sol, que surge para iluminar a humanidade, chama-se Jesus. E esse anúncio é feito mediante a leitura do Evangelho de Lucas na missa da meia-noite.

5. MARIA NO TEMPO DO NATAL

No Tempo do Natal, Maria é festejada indiretamente em duas solenidades: o Natal do Senhor e a Epifania. É festejada ao lado do Filho Jesus e do esposo José na festa da Sagrada Família e celebrada na solenidade do primeiro dia do ano. No Natal, a figura central é o Salvador. No entanto, Deus escolheu o caminho de todo ser humano para vir ao mundo, e Maria exerceu função indispensável, gerando e dando à luz Jesus. Na festa da Sagrada Família, nós a recordamos em duas situações de sofrimento, uma espécie de Paixão, narrada por Mateus (Ano A: fuga para o Egito) e por Lucas (Anos B, C: a espada de dor e a "perda" de Jesus).

Na solenidade da Epifania, o Evangelho é sempre o mesmo (Mateus 2,1-12), a visita dos astrólogos (magos), representantes de todos os povos não judeus. Quando chegam a casa, encontram o Menino e a mãe. Esse detalhe é importante. Para entender isso precisamos examinar o modo como eram apresentados os reis de Judá. No começo do seu reinado – de acordo com 1 Reis – sempre é citada a mãe do novo rei, a rainha-mãe. O objetivo é este: mostrar que o rei de Judá é autêntico judeu, pois nasceu de mãe judia. Mateus, que escreve seu Evangelho para judeus que se tornaram cristãos, é o único a recordar esse detalhe. Com isso afirma que Jesus é rei e sua mãe é rainha.

Resta-nos falar da solenidade do início do ano, na qual Maria é contemplada diretamente, porém sua memória é celebrada a partir do mistério do Senhor: é a *Solenidade da Santa Mãe de Deus*. Trata-se da celebração de mais um dogma mariano. Maria é Mãe de Deus, título contestado até por cristãos. Aqueles que o contestam afirmam que o certo é dizer "Mãe de Jesus". Seja como for, nós católicos nos guiamos não só pela Bíblia, mas também pelo Magistério da Igreja, que nos orienta na caminhada de fé.

As leituras são as mesmas nos três anos: Números 6,22-27; Gálatas 4,4-7; Lucas 2,16-21. A primeira leitura traz a assim chamada *bênção sacerdotal*, e não se relaciona diretamente com Maria. Igualmente a segunda leitura. Talvez aqueles que a escolheram tenham desejado ver aí uma referência direta a Maria, lendo "nascido *da mulher*", mas na realidade o texto afirma "nascido *de mulher*", ou seja, simplesmente denotando a forma humana, como qualquer ser humano, do nascimento de Jesus. Porém, há um detalhe: o texto fala da *plenitude dos tempos*, e podemos constatar que Maria é parte integrante dessa plenitude, em dupla direção. Por um lado, pode-se entender a plenitude como o ponto alto da misericórdia divina. E Maria é a serva do Senhor que dá seu sim a essa plenitude. A outra direção segue a caminhada humana, feita de expectativas e esperanças no cumprimento das promessas divinas. E, novamente, Maria é o ponto de chegada e de realização dessas expectativas e esperanças humanas.

Embora o Evangelho (Lucas 2,16-21) tenha como foco central o *nome de Jesus*, é possível encontrar aí importante informação acerca de Maria. O versículo 19 afirma que ela guardava cuidadosamente todos esses acontecimentos e os meditava em seu coração. Alguns pensam ver nessa afirmação a confirmação de que Maria teria passado para Lucas suas memórias. Mas há muito mais. Ela não é mero banco de dados para o evangelista. É aquilo que poderíamos denominar "grande teóloga" que discerne os movimentos e o projeto de Deus nos acontecimentos obscuros da história. Com efeito, a expressão *conservar no coração* é sinônimo de *interpretar a ação de Deus nos acontecimentos obscuros da história*. É isso que encontramos no Antigo Testamento: Gênesis 37,11; Daniel 4,28; 7,28. Maria, portanto, ajuda-nos a discernir, em meio aos acontecimentos da vida, a presença e a solidariedade de Deus. Portanto, ela resgata a memória das ações divinas no passado para entender o presente obscuro. Mas, poderá observar alguém, o que há de obscuro nesse relato? Imediatamente antes dessa afirmação, Lucas menciona a visita dos pastores. É, nesse Evangelho, a primeira visita que Jesus recebe. E os pastores não desfrutavam de boa fama; pelo contrário, eram detestados como invasores de pastagens, não respeitando propriedades, a ponto de não poderem servir de testemunhas nos tribunais, por exemplo. Talvez Maria tenha lembrado que no início o povo de Deus era nômade, transumante com seus rebanhos, e que em várias ocasiões Deus se fez mostrar como pastor e amigo dos pastores... Maria meditava tudo isso. Para os semitas, o coração é a sede dos pensamentos, a nossa consciência. Deus estava na consciência de Maria...

O COMÉRCIO NO NATAL

Não dá para negar: o Natal é para o comércio a maior das festas. Meses antes, a mídia já começa a cutucar a sensibilidade e o bolso das pessoas. E, nos dias próximos, o que se vê é uma correria insana em busca de presentes. Falsas liquidações e promoções suspeitas costumam estimular as pessoas compulsivas por compras. Não importa se os preços estão pela hora da morte, não importa se o cartão de crédito estoura... Mais tarde a gente vê isso. As compras de Natal provocam o maior frenesi do ano. E os comerciantes sabem disso. As pessoas perdem o controle, insufladas pela televisão e sua propaganda. Comerciantes contratam funcionários temporários para faturar mais. Alguns são capazes de vender a alma ao diabo para ganhar mais que os outros. É isso Natal?

Há pessoas espertas que deixam as festividades passar. Os preços descem vertiginosamente, porque material estocado não é coisa boa e tem prazo de validade. Perguntamos: não seria mais interessante os dois lados – comércio e consumidor – serem mais moderados? É só o momento presente que interessa? Do lado de quem vende cabe uma pergunta: não venderia mais com preços mais em conta? Do lado do consumidor, um apelo ao bom senso: por que comprar, para a ceia de Natal, produtos tão calóricos, importados e carregados de impostos e de ganância, consumidos em países de Natal congelado? Não seria mais interessante uma ceia de Natal com produtos nacionais? Por que o aspecto alimentar tem de copiar a dieta dos outros?

E, passadas as festas, a loucura das trocas dos presentes comprados: não serviram, não funcionaram, as pessoas não gostaram... Que loucura! Socorro, Menino Jesus! Socorro, Nossa Senhora! Socorro, São José! Não há um santo protetor para os doidos? O Anjo da Guarda não cobre o cartão de crédito? Então, a solução é gritar por socorro. Dá vontade de mandar o mundo parar para eu descer. Sagrada Família em fuga, ajuda-me! Para onde devo fugir? Eu que devia fugir da balança, do colesterol e dos triglicérides...

– Eu era feliz e não sabia – diz o poeta – quando na minha infância não havia nada disso. A mãe nos ensinou que o festejado é o Menino Jesus, e ele dispensa presentes. Não dispensa, porém, as orações. Fazíamos a novena do Natal assim: por nove dias, rezávamos – de joelhos – não me lembro de quantos Glória ao Pai. Na noite de Natal, preparávamos um pouco de capim e um pouco de milho para o cavalinho de Jesus. Na manhã seguinte, descobrimos mais tarde, a mãe se encarregava de eliminar esses vestígios e nos dava uns bombons. Que felicidade! Na noite anterior, os adultos iam à missa, do jeito que podiam – de caminhão, de carroça, a cavalo, a pé – e na volta, um copo d'água e boa noite. No dia seguinte, um almoço comum. Isso era Natal. Isso é Natal. Isso será Natal?

6. Oitava do Natal

Páscoa e Natal são as duas solenidades do ano litúrgico que possuem Oitava, ou seja, são comemoradas ao longo de oito dias como sendo um único dia. A Oitava do Natal é rica de festas, a saber:

* Domingo dentro da Oitava ou na ausência de domingo, no dia 30 de dezembro: Festa da Sagrada Família de Jesus, Maria e José. Na Liturgia da Palavra, a primeira leitura (Eclesiástico 3,2-6.12-14) e a segunda (Colossenses 3,12-21) são invariáveis. Os Evangelhos seguem o rodízio, substituindo Marcos por Lucas: Ano A: Mateus 2,13-15.19-23. Ano B: Lucas 2,22-40. Ano C: Lucas 2,41-52.

Muito interessante e bela a leitura de Eclesiástico, livro que não consta nas Bíblias dos evangélicos. Escrito em hebraico, foi sua tradução grega que chegou a nós. Mas hoje, praticamente a metade do original hebraico foi recuperada em descobertas arqueológicas e outros achados. É uma síntese da sabedoria do Povo de Deus. Escrito por volta de dois séculos antes de Cristo, a tradução grega destinava-se aos inúmeros judeus residentes em Alexandria (Egito). Esses judeus já não conheciam o hebraico (nem o aramaico). Conheciam e falavam o grego e corriam o risco de perder a preciosa herança contida no Eclesiástico, aderindo à cultura grega dominante. Dado importante: ao longo da história, o povo de Deus aprendeu que, para obter o perdão dos pecados, era necessário ir a Jerusalém e oferecer um sacrifício (animal). O Eclesiástico, muito corajoso, substitui o sacrifício oferecido no Templo pelo cuidado carinhoso para com as fontes da vida, o pai e a mãe. É como se dissesse a um católico que tem um dos pais ou ambos doentes e necessitados de cuidados, impedindo a participação na missa dominical: "Sua missa é cuidar dos seus pais". Parece que Jesus bebeu do espírito desse livro (leia o capítulo 7 de Marcos).

Igualmente bela e interessante a leitura de Colossenses, que aconselha a família a viver e respeitar os valores domésticos. Na família, todos têm direitos e deveres. Mateus (Evangelho Ano A) narra a fuga da Sagrada Família para o Egito (veja, abaixo, a festa dos Santos Inocentes). As comunidades ligadas a Mateus eram compostas de judeus fugitivos da guerra, instalados no sul da Síria. Mateus, ao recordar a ida de José, Maria e o Menino Jesus ao Egito quer mostrar pelo menos três coisas: **1.** Dizer às comunidades dependentes dele que tenham coragem e ânimo, pois Jesus foi migrante desde a infância. **2.** Voltando do Egito, Jesus realiza novo êxodo; é o novo Moisés, que conduzirá o povo para terra nova. **3.** Mostrar que em Jesus se realiza a profecia de Oseias 11,1, que diz: "Do Egito chamei meu filho".

UMA CARACTERÍSTICA DO EVANGELHO DE MATEUS

Escrevendo seu Evangelho para comunidades tipicamente judias, Mateus faz questão de mostrar, nos primeiros capítulos, como a vida de Jesus vai realizando as profecias (Escrituras). As passagens são muitas. Veja, por exemplo, 1,22; 2,5 etc. As Bíblias de estudo costumam destacar os textos que trazem esse fenômeno. Além disso, para facilitar, mostram, à margem do texto, a citação do livro do Antigo Testamento do qual Mateus tirou a citação.

No Ano B, temos Lucas 2,22-40 (em substituição a Marcos, que não possui textos sobre a infância de Jesus). Nesse longo trecho, encontram-se várias coisas importantes. Aqui é suficiente ressaltar algumas. Em primeiro lugar, é preciso sair dos fatos e buscar aquilo que Lucas não diz, ou seja, ao apresentar Jesus no Templo de Jerusalém, os pais deviam proceder a dois sacrifícios: **1.** Sacrifício pela purificação da mãe e do menino (mencionado por Lucas e realizado pelos pais). **2.** Sacrifício de resgate do primogênito (não mencionado por Lucas e não realizado pelos pais). O sacrifício de purificação é mencionado e realizado mediante os animais dos pobres: um par de rolinhas ou dois pombos. É sinal de que a Sagrada Família é pobre. O sacrifício de resgate do primogênito – não mencionado – consta de um cordeiro ou cabrito. Ao omitir o segundo sacrifício, Lucas revela uma das mais importantes características do seu Evangelho: mostrar que Jesus pertence ao Pai desde o início. Desde o berço, ele pertence a Deus, pois não foi resgatado mediante o sacrifício.

No Ano C, proclamamos Lucas 2,41-52, o episódio de Jesus entre os doutores em Jerusalém. É episódio quase sempre interpretado superficialmente. A explicação que damos a seguir ajuda a entender melhor aquilo que foi dito acima a respeito do Ano B. Na verdade, não se trata da perda de Jesus. Ele, adolescente (12 anos), foi submetido à cerimônia do *Bar mitzvá*.

O QUE É O *BAR MITZVÁ*?

É a celebração na qual o menino judeu recebe a emancipação, tornando-se adulto e responsável por suas opções e decisões; a expressão significa "Filho do mandamento" ou "Filho do preceito". A partir desse momento ele é responsável pelo cumprimento ou pela omissão dos preceitos da Lei. Mal comparando, é como o sacramento da Crisma entre os católicos. Nessa ocasião, o menino, agora adulto, deixa de frequentar com a mãe o grupo das mulheres e passa a frequentar o grupo dos homens. Está habilitado para ler a Torá (Lei) no culto da sinagoga.

A resposta que Jesus dá aos pais revela sua maturidade, a opção de adulto consciente: "Devo estar na casa do meu Pai". Isso explica a ausência do cordeiro para o resgate do primogênito (veja acima) e ilumina toda a caminhada de Jesus daqui para frente. Assim, em 9,51 se fala da sua *assunção*, que não é apenas a subida a Jerusalém, mas o retorno àquele ao qual ele pertence, o Pai. Entende-se também por que Lucas afirma que na cruz Jesus rezou o salmo, que diz: "Pai, em tuas mãos entrego o meu Espírito". De fato, se examinarmos atentamente o episódio da "perda e encontro", veremos que tem ressonâncias pascais: três dias de ausência = três dias sepultado... A cena foi criada por Lucas, calcada no mistério pascal.

* 26 de dezembro: festa de Santo Estêvão. Estêvão (nome que significa "coroa") é o primeiro mártir cristão. Os Atos dos Apóstolos falam dele, primeiramente,

citando-o entre o grupo dos diáconos (capítulo 6). Era um dos líderes de comunidade em Jerusalém. Era composta de fiéis não judeus. Na leitura de sua festa (Atos 6,8-10; 7,54-59), ouvimos parte do seu testemunho num longo discurso que culmina com a morte por apedrejamento. Dado interessante: ao ser morto, ele tem as mesmas atitudes de Jesus segundo o Evangelho de Lucas: pede a Deus que perdoe àqueles que o estão matando e entrega a Deus o seu espírito (compare Lucas 23,34 com Atos 7,60 e Lucas 23,46 com Atos 7,59). O Evangelho (Mateus 10,17-21) pertence ao discurso missionário de Jesus. O seguidor do Mestre da justiça – Jesus – não deve esperar aplausos e condecorações, mas, como Jesus, tribulações sem conta.

Com a narrativa do discurso de Estêvão, Lucas pretende, entre outras coisas: **1.** Mostrar que é o Espírito Santo quem fala por meio do discípulo de Jesus, sem que alguém o possa contradizer ou negar, de acordo com o que o Mestre disse em Mateus 10,19-20: "Quando vos entregarem, não fiqueis preocupados em saber como ou o que deveis falar, porque não sereis vós que falareis, mas o Espírito de vosso Pai é que falará em vós". **2.** Uma das palavras-chave que percorre todo o livro dos Atos dos Apóstolos é *testemunho, testemunha* e seus derivados, que serve de programa para todo o livro e se encontra em 1,8:

"Recebereis uma força, a do Espírito Santo que descerá sobre vós, e sereis minhas testemunhas em Jerusalém, em toda a Judeia e a Samaria, e até os confins da terra".

* 27 de dezembro: festa de São João, apóstolo e evangelista. No Evangelho que escreveu, ele é apresentado como o Discípulo Amado. Essa personagem aparece somente no Evangelho de João. É figura de pessoa que consegue entender os sentimentos do Senhor e age de acordo com a vontade do Mestre. Em torno de João e a partir dele, temos cinco livros do Novo Testamento: Evangelho, 3 cartas e Apocalipse. A leitura da missa é tirada da primeira carta de João (1,1-4) e o Evangelho (João 20,1-8) é o mesmo do domingo da Páscoa (Veja detalhes no meu livro *O que é Semana Santa* – também publicado pela Editora Santuário). De acordo com esse Evangelho, João é modelo de discípulo, pois reúne em si as características essenciais do seguidor de Jesus.

* 28 de dezembro: festa dos Santos Inocentes. É festa bastante antiga. Sua origem se situa por volta do século VI. O episódio que dá base bíblica a essa festa se encontra no Evangelho da festa (Mateus 2,13-18; a leitura é tirada da primeira carta de João 1,5-2,2). Enganado pelos astrólogos (magos), o sanguinário Herodes decreta a morte de todas as crianças de Belém com menos de dois anos. Não deviam ser muitas as crianças envolvidas nesse massacre, pois Belém era uma aldeia; mas ainda que houvesse apenas um menino, mesmo assim, o fato clamou por justiça e revelou uma realidade cruel: para se manter no poder vale tudo, inclusive a morte de quem não tem nada a ver. Nessa truculência, revela-se também a fragilidade do poderoso. O poder é um ídolo com pés de barro, e quem busca o poder o faz para esconder sua fraqueza.

O VIOLENTO HERODES

Não foi somente contra os inocentes de Belém que se manifestou a violência do sanguinário Herodes. Com medo de perder o poder, estrangulou seu tio avô Hircano II e mandou matar três dos seus filhos: Alexandre, Aristóbulo e Antípater. Uma de suas esposas também teve a mesma sorte. É o caso de Mariana I.

---

* 1º de janeiro: 8º dia do Natal: *Solenidade da Santa Mãe de Deus, Maria.* Em meio aos votos de Feliz Ano Novo, no renascer das esperanças, os católicos festejam a Mãe de Deus. Essa solenidade teve início nas Igrejas do Oriente e estava ligada ao costume de visitar e parabenizar a mãe por ter dado à luz nova criatura. As leituras – já comentadas acima – são: Números 6,22-27; Gálatas 4,4-7; Lucas 2,16-21.

7. Solenidade da Epifania do Senhor

A data dessa solenidade é 6 de janeiro. Em nosso país, porém, é celebrada no domingo entre os dias 2 e 8 de janeiro. A palavra *epifania* vem do grego e significa *manifestação*. Chamava-se epifania o evento (raro), no qual o rei se manifestava ao povo reunido. A solenidade da Epifania, portanto, supõe que se aceite o fato de Jesus ser rei. Com efeito, quando os astrólogos chegam a Jerusalém, a primeira coisa que querem saber é: "Onde está o rei dos judeus que acaba de nascer?"

É a festa que envolve os reis magos visitando Jesus Rei. Mais ainda, é a apresentação/manifestação do Rei Jesus aos reis magos. Popularmente nesse dia e nos dias próximos, festejam-se os Santos Reis. O único evangelista a narrar esse acontecimento é Mateus (2,1-12). Mas não se afirma que eram reis, três ou magos. Na verdade, eram astrólogos orientais, ocupados em examinar os astros, seus movimentos. Acreditava-se que a descoberta de nova estrela correspondesse ao nascimento de algum rei. É por isso que vão a Jerusalém à procura do "rei dos judeus".

A tradição posterior e a iconografia representaram esses "magos" como representantes de nações, sendo um deles negro. Chegou-se até a dar nomes aos três: Baltasar, Belchior e Gaspar. E, inspirado em textos do Antigo Testamento, Mateus revela os presentes que ofereceram: ouro, incenso e mirra. Muita coisa acerca dessa data pertence ao campo do folclore ou da tradição popular.

A solenidade da Epifania do Senhor começou a ser celebrada nas Igrejas cristãs do Oriente, antes mesmo que se celebrasse o Natal, e sempre ocupou lugar de destaque.

A Liturgia da Palavra dessa solenidade é sempre a mesma: Isaías 60,1-6; Salmo 72; Efésios 3,2-6; Mateus 2,1-12. Já dissemos algo dessa solenidade ao falar de Maria no Tempo do Natal (veja acima). Agora, em vez de comentar brevemente os textos bíblicos, vamos descobrir que Mateus 2,1-12 é um mosaico de citações do Antigo Testamento, envolvendo, evidentemente, o texto que serve de 1ª leitura e o Salmo responsorial. Para que você perceba de onde Mateus tirou informações, grifamos algumas palavras. Assim:

– Isaías 60,1-6. O texto pertence ao Terceiro Isaías (veja acima) e destina-se a Jerusalém desolada e carente de reconstrução. O texto diz: "Uma grande multidão de camelos te invade, camelos de Madiã e de Efa; de Sabá vem todo mundo, *ouro e incenso* é o que eles trazem; e vêm anunciando os louvores de Javé".

– Salmo 72,10-11.15. É um salmo régio. Fala do rei de Judá, responsável pela administração da justiça: defender o pobre da ganância dos poderosos e combater os inimigos externos que ameaçam a vida do povo. O texto diz: "Que os reis de Társis e das ilhas lhe paguem tributos. Que os reis de Seba e Sabá *lhe ofereçam seus dons*. Que todos os reis *se prostrem diante dele*, e todas as nações o sirvam... Que ele viva e lhe tragam o *ouro* de Sabá! Que por ele orem continuamente, e o bendigam o dia todo!"

– Números 24,17: "Eu o vejo, mas não é agora; eu o contemplo, mas não é de perto: uma *estrela* avança de Jacó, um cetro se levanta de Israel".

– Gênesis 49,10: "O cetro não se afastará de Judá, nem o bastão de comando do meio dos seus pés, até que o *tributo lhe seja trazido* e os povos lhe obedeçam".

– Isaías 49,23: "Os reis serão para ti tutores, e as princesas serão amas de leite. Com o *rosto por terra*, prestarão homenagem a ti, lamberão a poeira dos teus pés, e tu ficarás sabendo que eu sou Javé, aquele que nunca decepciona aquele que nele confia".

– Miqueias 5,1-3: "Mas tu, *Belém* de Éfrata, tão pequena entre as cidades de Judá. É de ti que sairá para mim aquele que há de ser o chefe de Israel. A origem dele é antiga, desde os tempos remotos. Pois Deus os entrega até que a mãe dê à luz, e o resto dos irmãos volte aos israelitas. De pé, ele governará com a própria força de Javé, com a majestade do nome de Javé, seu Deus. E habitarão tranquilos, pois ele estabelecerá o seu poder até as extremidades da terra".

– Há outros contatos não tão explícitos entre o texto de Mateus e passagens do Antigo Testamento como, por exemplo, entre a *agitação e alvoroço* de Herodes e a cidade de Jerusalém com a *agitação e alvoroço* de Adonias e a cidade de Jerusalém, por ocasião da nomeação de Salomão como substituto do rei Davi (1 Reis 1,41ss).

O leitor pode por si mesmo tirar as conclusões acerca do episódio narrado por Mateus. A solenidade da Epifania do Senhor é, portanto, a manifestação de Jesus Rei à humanidade, representada pelos astrólogos. De fato, os judeus costumavam dividir a humanidade em dois blocos: eles e os outros todos. Manifestando-se a alguns não judeus, Jesus está se manifestando ao mundo. O apóstolo Paulo chama a isso de "mistério", realizado em Jesus Cristo e pregado pelo próprio Paulo.

8. José no Tempo do Natal

De José já falamos no Tempo do Advento. Agora precisamos falar dele no Tempo do Natal. Ele está presente sem se fazer perceber, pois entendeu sua função e papel nesse campo. Está presente também na festa da Sagrada Família e não é mencionado na solenidade da Epifania do Senhor.

José continua sem falar. Aliás, o silêncio operante é sua característica. Pode-se afirmar que ele é *o homem do silêncio*. Sem o silêncio não se escuta nem perscruta o mistério. Em outras palavras, sem o silêncio não se ouve aquilo que Deus fala. É por isso que José se cala: para escutar e perscrutar o mistério.

Sem silêncio não se escuta nem se perscruta o próprio íntimo. As pessoas ruidosas e barulhentas dão a impressão de vivacidade, mas por dentro ou estão mortas ou quebradas. E quem está quebrado por dentro acaba quebrando coisas por fora. Grita-se, fala-se para abafar os clamores que vêm de dentro. José é o homem do silêncio, e, por isso, Deus se revela a ele. A pessoa barulhenta não escuta nem perscruta o mistério e não escuta o próprio interior.

Parece estranho falar de silêncio num período tão barulhento como o fim de ano, dando a impressão de que sem barulho não há felicidade. E não é assim, pelo contrário. Deveria haver uma bem-aventurança soando mais ou menos assim: "Bem-aventurados os silenciosos, porque ouvirão e perscrutarão o mistério e escutarão a linguagem da própria alma".

Gosto de comparar o silencioso José com o também silencioso Abraão no episódio conhecido como *o sacrifício de Isaac* (Gênesis 22). Abraão só fala quando interrogado pelo filho Isaac a respeito do animal a ser sacrificado. E só responde quando uma voz misteriosa, vinda de Deus, chama-o pelo nome. Assim é José: como Abraão. Ou como Elias, outro profeta silencioso, que só fala quando alguém o interroga.

O silencioso possui a sabedoria, pois, no dizer de um filósofo grego: "o sábio só rompe o silêncio quando tem algo a dizer mais importante que o silêncio". O silêncio é eloquente, justamente porque a pessoa não fala. Assim é José: homem do silêncio. Maria também fala pouco. E o silêncio de ambos é grandioso diálogo com o mundo interior e com o transcendente.

9. FESTA DO BATISMO DO SENHOR

No domingo, após a Epifania, celebra-se a festa do Batismo do Senhor. Com ela encerra-se o Ciclo do Natal e inicia-se o Tempo Comum. A primeira leitura (Isaías 42,1-6) e a segunda (Atos dos Apóstolos 10,34-38) são invariáveis. O Evangelho segue a sequência dos anos A (Mateus 3,13-17); Ano B (Marcos 1,6-11); Ano C (Lucas 3,15-16.21-22). As três narrativas mostram o Batismo de Jesus ministrado por João Batista, com algumas peculiaridades em cada relato, como veremos.

* *Isaías 42,1-6*. Estamos diante do Segundo Isaías (capítulos 40 a 55), profeta poeta que se encontra exilado na Babilônia junto com seus compatriotas. É o profeta da esperança e de incentivo para o retorno à pátria. O texto fala de um *servo* sustentado, escolhido e amado por Deus, que coloca sobre ele o seu próprio espírito. Missão desse servo é promover o direito entre as nações. Deus o põe como aliança de um povo e luz para as nações. Não se sabe exatamente quem era esse servo do ponto de vista histórico. Mas para os primeiros cristãos não restam dúvidas: o texto do Segundo Isaías encontrou a plena realização em Jesus. Nos Evangelhos, ao relatar o Batismo de Jesus, uma voz vinda do céu (de Deus) afirma que esse servo é Jesus. Ele tem como missão promover o direito às nações.

* *Atos dos Apóstolos 10,34-38*. A cena se desenvolve na casa de um militar pagão, o comandante Cornélio, para onde, com relutância, Pedro foi obrigado a ir. O inteiro capítulo é tradicionalmente conhecido como "a conversão de Cornélio", mas, na verdade, é Simão Pedro quem precisa se converter, percebendo que Deus não faz distinção de raça. Aliás, há nesse capítulo um fato curioso: o Espírito Santo toma posse do oficial romano (portanto, um não judeu) antes que ele seja batizado. É que o Espírito Santo não respeita as barreiras ou fronteiras que nós pretendemos impor a ele. O texto tomado como segunda leitura para essa festa pode ser visto como a catequese de Pedro. Ele sintetiza tudo no fato de o Espírito Santo estar em Jesus, que passa a vida fazendo o bem. E cita-se a cura dos que estavam possuídos pelo diabo.

VÁRIOS TIPOS DE BATISMO NO TEMPO DE JESUS. DE ONDE VEM O BATISMO CRISTÃO?

Jesus não precisava submeter-se ao batismo de João Batista. Os Evangelhos afirmam que ele batizava as pessoas ansiosas pela vinda do Messias. Mediante o batismo, elas se declaravam dispostas e prontas para acolhê-lo. Os fariseus também batizavam, mas seu batismo tinha outra finalidade: vincular a pessoa batizada à prática de toda a Lei. Evidentemente também esse tipo de batismo não serve para nós, cristãos. Nosso Batismo vem de Jesus e a ele está vinculado.

* *Mateus 3,13-17*. O diálogo entre João Batista e Jesus é esclarecedor, e João tem razão. Se ele, com seu batismo, está preparando o povo para a vinda do Messias, é lógico o Messias não se submeter ao batismo de João. A resposta de Jesus é igualmente esclarecedora: "Devemos cumprir toda a justiça". São as primeiras palavras de Jesus no Evangelho de Mateus, e são palavras programáticas, isto é, revelam seu programa de vida: cumprir toda a justiça. É tarefa coletiva ("precisamos"). Todo o Evangelho de Mateus pode ser lido com esta chave: Jesus é o Mestre da justiça, que supera os doutores da Lei e fariseus; justiça que deve ser prioridade absoluta ("Buscai primeiro o Reino de Deus e a sua justiça..."); justiça que suscitará conflitos, mas revelará bem-aventurados: "Bem-aventurados os perseguidos por causa da justiça, porque deles é o Reino dos Céus". O Batismo de Jesus não é aquele ministrado por João Batista. Seu verdadeiro Batismo acontece quando ele sai da água, o céu se abre e o Espírito de Deus toma posse dele para realizar toda a justiça. A voz vinda do céu é a voz de Deus, e é a investidura de Jesus, ou seja, a entrega da sua missão: "Este é o meu Filho amado, que muito me agrada". Dois textos estão por trás dessa declaração vinda do céu: o Salmo 2,7 e Isaías 42,1ss (primeira leitura). O Salmo 2,7 mostra que, no dia da posse, o rei de Judá era adotado por Deus como filho seu. Jesus, portanto, é Rei. Isaías 42,1ss mostra que esse Rei é *servo* amado e querido por Deus, que lhe confia a missão de promover o direito às nações. Podemos, portanto, concluir que o Batismo de Jesus mostra quem ele é (Rei) e o que faz, sua missão (serviço na promoção do direito às nações).

TIRANDO UMA DÚVIDA

Se Jesus não precisava submeter-se ao batismo de João, e se o batismo dele acontece depois que ele sobe das águas e o Espírito Santo desce sobre ele, por que, então, mencionar Jesus recebendo o batismo de João no rio Jordão? A resposta parece ser esta: exatamente para mostrar a nulidade (ou inutilidade) do batismo de João; para mostrar que, a partir de Jesus, o batismo de João deixa de ter valor.

---

* *Marcos 1,6-11*. A peculiaridade de Marcos (no restante se identifica com os dois outros) é *o céu se rasgando*. É a concretização do desejo expresso pelo Terceiro Isaías (63,19): "Estamos como outrora, quando ainda não nos governavas, quando sobre nós o teu nome nunca fora invocado. Quem dera rasgasses o céu para descer! Diante de ti as montanhas se derreteriam". No tempo do Terceiro Isaías, com o surgimento da religião do puro e do impuro, Deus foi confinado para depois do último céu. (Os judeus imaginavam que existissem até sete céus.) O profeta sente saudade do tempo em que Deus caminhava com o povo, estava próximo para sentir e perceber as necessidades das pessoas. Pois bem, diz Marcos, o céu se rasgou, e, na pessoa de Jesus, Deus desceu para caminhar com o povo.

* *Lucas 3,15-16.21-22*. A peculiaridade de Lucas é esta: Jesus é batizado junto com o povo e depois de batizado por João Batista encontra-se rezando. A frequência da oração na vida de Jesus marca todo o Evangelho de Lucas, sobretudo os grandes e decisivos momentos, como o seu batismo. Com isso Lucas quer mostrar a comunhão e a união entre Jesus e o Pai.

10. O SENTIDO DAS FESTAS NATALINAS

Natal é festa que mexe com os sentimentos das pessoas. As melodias cheias de ternura, as cidades que se enfeitam, pessoas que viajam, as férias escolares coincidindo com os dias natalinos... Tudo leva ao que costumamos chamar de "espírito natalino". A ceia de Natal pode transformar-se em excelente ocasião de encontro, em tempo de reunir a família, lembrar que os outros existem e são importantes para nós; por isso despertamos a sensibilidade mediante um presente, ainda que seja algo muito humilde, não importa. O importante é recordar-se dos outros.

Essa solenidade já terá cumprido parcela de sua missão se conseguir reunir e confraternizar pessoas, talvez reatando antiga amizade ou tendo coragem de dar o perdão. A ceia de Natal, ainda que simples, pode ter o sabor e o sentido de um banquete, desde que as pessoas confraternizem. Natal é festa da família, por isso muitas pessoas viajam para passar juntas essa solenidade num clima de fraternidade. Mesmo que não haja a ceia de Natal, o fato de estar juntos é importante, pois está banhado pelo espírito natalino. Onde as pessoas se amam e se valorizam, até um pedaço de pão seco tem o sabor e o valor de um banquete. Ao contrário, se houver uma ceia abundante e não estiver presente o espírito de Natal, a ceia se transformará em algo indigesto.

A troca de presentes também é importante. Ela aconteceu primeiramente num nível espiritual. Jesus é o presente de Deus, que recebemos nessa ocasião, presente insuperável, pois Deus não nos deu coisas, mas deu-se na pessoa de Jesus. O presente que damos em troca se chama gratidão. Jamais conseguiremos retribuir à altura o presente que recebemos do céu. E Deus nada pede em troca do presente que nos deu. Se quisermos, reconhecidos e gratos, dizer a ele "muito obrigado", sintamo-nos obrigados em nosso próximo. Aí, sim, podemos rivalizar na troca de presentes. Mas o vencedor será sempre aquele que vi certa vez representado num desenho: alguém batendo à porta de outra pessoa. Com a outra mão, escondia, atrás das costas, um grande coração.

Importante para fomentar o espírito natalino é a reunião da família. Vale a pena viajar para estar com quem amamos. Talvez a ausência desses encontros fraternos e fecundos explique por que para muitos o Natal é uma festa chata, que deve ser evitada para não causar mal-estar. A mídia, de modo geral, não se ocupa dessas coisas. Há quem organize mutirões para ajudar os pobres, dar brinquedos às crianças. Apesar de haver muita coisa boa nisso, ainda não é o espírito natalino, que prevê o doar-se acima do dar. Natal é festa da família porque Jesus nasceu numa família. Os pastores que foram a Belém na noite do nascimento de Jesus nos ajudam a entender o espírito do Natal. No presépio, nós estamos habituados a ver os pastores oferecendo cordeiros ao recém-nascido. Provavelmente, não ofereceram nada, porque nada tinham para oferecer. Não foram avisados com antecedência. Foram avisados em cima da hora. E a visita deles, de noite, dá a entender que, embora não tivessem nada para oferecer, foram carregados de presentes, pois dedicaram ao recém-nascido parte do seu sono e da sua tranquilidade. Em outros termos, deram-se. Foi um encontro fecundo. Lucas, ao narrar o retorno deles às suas atividades, afirma que voltaram contentes, "louvando e glorificando a Deus tudo aquilo que tinham ouvido e visto". Deram-se a Deus e perceberam que, no Menino Jesus, Deus também se dava a eles. De fato, a estrebaria, os animais e a manjedoura eram sinais comunicadores de que Deus acabava de se fazer pastor, como eles.

11. ADEUS ANO VELHO – FELIZ ANO NOVO

Em pleno Tempo do Natal, antes de terminar a Oitava, eis que surge a mais barulhenta festa popular: a despedida do ano e a saudação ao ano novo. O calendário avança: o ano que termina passa para a história, e abrem-se as portas da esperança num ano de expectativas. É 1º de janeiro: dia mundial da paz. Para bilhões de habitantes do planeta Terra, começa-se novo ano em meio ao pipocar os fogos de artifício, belos, porém barulhentos e de rápida passagem.

Muitos se preparam para o novo ano, munindo-se de simpatias: roupas especiais, amuletos, alimentos... uma série de penduricalhos que não ajudam em nada.

Anos atrás, era costume as comunidades cristãs se reunirem no dia 31 de dezembro, a fim de agradecer a Deus as graças concedidas e o progresso alcançado ao longo do ano que terminava. Cantava-se o *Te Deum*, um hino de louvor a Deus, escrito e cantado originalmente em latim.

TE DEUM*

*Tradicionalmente, a autoria do hino é atribuída a Santo Ambrósio e a Santo Agostinho, na ocasião do batismo deste último pelo primeiro na catedral de Milão, no ano 387. Algumas correntes o atribuem a Santo Hilário ou, mais recentemente, ao bispo Nicetas de Remesiana.

A vós, ó Deus, louvamos e por Senhor nosso vos confessamos.
A vós, ó Eterno Pai, reverencia e adora toda a Terra.
A vós, todos os Anjos, a vós, os Céus e todas as Potestades;
A vós, os Querubins e Serafins
com incessantes vozes proclamam:

Santo, Santo, Santo é o Senhor Deus dos Exércitos!
Os Céus e a Terra estão cheios da vossa glória e majestade.

A vós, o glorioso coro dos Apóstolos,
A vós, a respeitável assembleia dos Profetas,
A vós, o brilhante exército dos mártires
Engrandece com louvores!
A vós, Eterno Pai, Deus de imensa majestade.
Ao vosso verdadeiro e único Filho,
Digno objeto das nossas adorações,
Do mesmo modo ao Espírito Santo,
Nosso consolador e advogado.

Vós sois o Rei da Glória, ó meu Senhor Jesus Cristo!
Vós sois Filho sempiterno do vosso Pai Onipotente!
Vós, para vos unirdes ao homem e o resgatardes,
Não recusastes entrar no casto seio duma virgem!

Vós, vencedor do estímulo da morte,
Abristes aos fiéis o Reino dos Céus.
Vós estais sentado à direita de Deus,
No glorioso trono do vosso Pai!
Nós cremos e confessamos firmemente
Que de lá haveis de vir a julgar no fim do mundo.

A vós portanto rogamos que socorrais os vossos servos
A quem remistes com o Vosso preciosíssimo Sangue.
Fazei que sejamos contados na eterna glória,
Entre o número dos vossos Santos.

Salvai, Senhor, o vosso povo e abençoai a vossa herança,
E regei-os e exaltai-os eternamente para vossa maior glória.
Todos os dias vos bendizemos
E esperamos glorificar o vosso nome
Agora e por todos os séculos.
Dignai-vos, Senhor, conservar-nos neste dia
E sempre sem pecado.
Tende compaixão de nós, Senhor,
Compadecei-vos de nós, miseráveis.
Derramai sobre nós, Senhor, a vossa misericórdia,
Pois em vós colocamos toda a nossa esperança.
Em vós, Senhor, esperei, não serei confundido.

Também isso acabou se perdendo. A passagem de ano parece ter banido Deus, mas, na verdade, o homem é quem acabou banido, pois perdeu muitos valores que o caracterizavam como ser humano. A paz, celebrada num único dia, é algo que nasce morto. O dia mundial da paz deveria ser gerador de paz para todo o novo ano que se inicia. Assim, com a perda dos valores mais genuínos do ser humano, dizer ou desejar "Feliz Ano Novo" tornou-se algo artificial que dura um instante e é incapaz de gerar felicidade ao longo do ano que começa. De nada adianta fazer previsões. É o ser humano que deve voltar a ser humano.

IV
BREVES TEMAS PARA MEDITAÇÃO

1. ADVENTO: TEMPO DE ESPERANÇA

Um sonho cultivado desde o início da criação – A espiritualidade do Advento lançou suas primeiras raízes quando Deus criou o mundo e, sobretudo, a humanidade. De fato, quando ele disse: "Façamos o homem à nossa imagem e semelhança" (Gênesis 1,26), reconhecendo que todas as coisas criadas eram muito boas, ninguém podia imaginar que o Criador estava preparando uma grande surpresa: experimentar, na pessoa do seu Filho, como é bom ser humano, viver a nossa vida. O Natal é a concretização desse sonho divino. O evangelista João o confirma, dizendo que "a Palavra se fez homem e habitou entre nós" (João 1,14). E esse fato é a mais elevada expressão do amor que Deus tem pela humanidade: "Deus amou de tal forma o mundo, que entregou o seu Filho único" (João 3,16).

O povo de Deus foi aos poucos compreendendo a misteriosa trama desse sonho. Nove séculos antes do nascimento de Jesus, o rei Salomão reconheceu que Deus não podia caber no Templo de Jerusalém que ele havia construído: "Se não cabes no céu e no mais alto dos céus, muito menos neste Templo que construí" (1 Reis 8,27). Isaías, o profeta que mais fala da vinda do Messias, descobriu sua vocação profética numa celebração solene no Templo de Jerusalém, 740 anos antes de Cristo. Também ele reconhece que um santuário, por mais esplêndido que seja, não consegue conter a divindade. Na experiência que fez, a barra do manto do Senhor era suficiente para preencher o Templo (Isaías 6,1).

Se Deus não cabe num templo, no céu ou no mais alto dos céus (o povo da Bíblia acreditava que existissem, acima de nossa cabeça, de três a sete céus), onde se situa sua morada? A novidade que ele foi preparando é surpreendente: o corpo de uma mulher chamada Maria. É no seu seio materno que Deus realiza o sonho de ser gente como nós. Fomos feitos à imagem e semelhança de Deus, mas o grande sonho do Criador era tornar-se semelhante à criatura. É isso que alimentamos esperançosos no Advento e celebramos contentes e agradecidos no Natal: Jesus se tornou semelhante a nós em tudo. Mais ainda: garantiu que, se alguém o ama do jeito que ele amou, essa pessoa se torna morada do Pai e do Filho (João 14,23).

O sonho do povo de Deus – O povo da Bíblia passou por duros momentos. A maior parte de sua história – aproximadamente do século VIII antes de Cristo até o século II da nossa era – viveu sob a dominação dos grandes impérios: assírio, babilônico, persa, grego e romano. Quase toda a Bíblia foi escrita nesse tempo e nasceu como expressão de um povo que desejava liberdade e vida. Deus, o aliado desse povo, esteve atento a esse clamor, prometendo e cumprindo as promessas. Um profeta anônimo, que se costuma chamar de Segundo Isaías, merece destaque. Ele acompanha o povo nos quase 50 anos de exílio na Babilônia (586 a 538 antes de Cristo), não permitindo que o tênue pavio da esperança se apagasse. Vale a pena ler os capítulos 40 a 55 de Isaías para descobrir a esperança numa intervenção divina que põe fim à escravidão, devolvendo ao povo a liberdade e a vida na terra da promessa.

Por cerca de seis séculos, o povo de Deus foi governado por reis. Mas sempre existiram grupos que se opunham à figura do rei, afirmando que somente o Senhor merece essa prerrogativa. Muitos salmos surgiram em torno disso, uns defendendo a pessoa do rei, outros criticando. Quando a monarquia desaparece, no começo do exílio na Babilônia, tanto os salmos que proclamam a realeza do Senhor quanto os salmos que celebram a vida do rei, tornam-se importantes fontes de espiritualidade, alimentando a esperança na vinda do Messias. Os evangelhos concordam em dizer que esse Rei-Messias é Jesus, esperado no Advento e celebrado no Natal.

Outro profeta da esperança que nos ajuda a viver a espiritualidade do Advento é chamado de Terceiro Isaías. É o profeta que anima o povo depois que o cativeiro termina e os judeus podem reconstruir sua identidade nacional na terra da promessa. Os textos desse profeta se encontram em Isaías 56 a 66. Na volta do exílio, os judeus passaram a ser governados por uma elite sacerdotal, que criou a religião do puro e do impuro. Com isso, Deus foi afastado além dos céus, provocando enorme nostalgia no povo, acostumado a sentir Deus caminhando com as pessoas. O profeta da esperança não se conforma com o confinamento de Deus e expressa seu forte desejo: "Estamos como outrora, quando ainda não nos governavas, quando sobre nós o teu nome nunca fora invocado. Quem dera rasgasses o céu para descer!" (Isaías 63,19). O evangelista Marcos afirma que no batismo de Jesus o céu se rasgou, realizando esse sonho (Marcos 1,10).

Esperar agindo, como Maria – Advento não é expectativa, é esperança. A expectativa pode dispensar nossa colaboração, mas a esperança a convoca a entrar na roda, pois a esperança da bíblia e do Advento se faz com as mãos, os pés, o coração... O melhor modo de vivenciar essa espiritualidade é olhar para uma grávida: todo o seu ser vai se transformando em vista da esperança que carrega. A própria família de uma grávida vive um clima novo por causa do ser que palpita e vai nascer. Isso é Advento.

Tudo isso certamente aconteceu com Maria, portadora da esperança da humanidade, corpo que Deus escolheu para que seu Filho realizasse o sonho de ser a nossa imagem e semelhança. Mas isso não basta. Maria, como diz um poeta, não esperou acontecer; pelo contrário, soube fazer a hora. Ela é a melhor expressão da espiritualidade do Advento. Declarando-se "serva do Senhor", não encontrou melhor forma de expressar isso senão indo depressa à serra da Judeia para servir sua prima. Lá se pôs a fazer as coisas que fazia toda dona de casa do seu tempo. Os atos podiam ser simples, mas o modo como a Mãe do Filho de Deus agiu em preparação ao nascimento de Jesus é insuperável.

2. O MESSIAS NA CONTRAMÃO

Eram muitas as incertezas acerca do Messias e, mais ainda, acerca do seu perfil e ação. O próprio João Batista, que o havia descrito como juiz implacável (Mateus 3,7-12), vê as próprias certezas serem abaladas pela atividade libertadora de Jesus em meio aos pobres. Esse perfil, apesar de muito claro desde Isaías 35, perdeu terreno para o perfil do Messias poderoso e guerreiro, construtor de um império.

É o Messias vindo na contramão de nossas expectativas, ensinando que nós, e não ele, é que devemos mudar nossa visão acerca dele. Sim, porque é tentação permanente pretender que o Messias seja conforme a nossa imagem e semelhança, quando na verdade, o processo é inverso. Aqueles que não acolhem essa lógica se fecham à espera de outro Messias. Mas não existe outro, nem fechar-se é a solução. A solução é estarmos abertos para as surpresas de Deus e do seu Messias. E as surpresas deles costumam beneficiar o ser humano, particularmente o ser humano sofredor.

É nessas ações em favor do ser humano desfigurado que descobrimos a chegada do Messias e sua presença em nosso meio. Elas são o termômetro de nossa fé. Jesus proclama feliz quem não se escandaliza – não perde a fé – por causa de suas ações de inclusão dos excluídos.

Oxalá este tempo forte de nossa caminhada nos abra os olhos e todo o nosso ser diante do sofrimento de tantos irmãos e irmãs, de sorte que nos associemos à grande missão do Messias e, finalmente, o Natal seja a festa da vida para todos.

3. Memórias de Advento e Natal

Lembro-me muito bem, como se fosse hoje. Éramos crianças, e, nos dias próximos do Natal, nós, crianças, éramos estimulados em fazer uma novena ao Menino Jesus. Era mais ou menos assim: durante nove dias, de joelhos, rezávamos nove vezes o "Glória ao Pai" ao Menino Jesus, que viria na Noite de Natal, montado num cavalinho e traria doces para as crianças que se teriam comportado bem e feito a novena.

Na véspera da sua chegada, tínhamos de deixar debulhadas algumas espigas de milho e um feixe de capim para o cavalinho que traria o Menino Jesus. Nós acreditávamos, com a mais cândida inocência, e fazíamos tudo direitinho. Na manhã do Natal, sem que soubéssemos, a mãe se encarregava de dar sumiço ao milho e ao capim. Mas, certa ocasião, ela se atrasou, e minha irmã viu quando ela jogou o milho às galinhas. Que decepção! Mas então o Menino Jesus não viera? Ou o cavalinho estava sem fome? No entanto, os doces estavam em nossas mãos e eram uma delícia! O que teria acontecido?

Depois veio "ho-ho", com seu saco vermelho e barbas brancas. Dizem que vem da Lapônia, sei lá onde fica. Vem de trenó, puxado por renas. Mas ninguém se preocupa com elas. Você já viu alguém deixar uma bacia de milho ou um feixe de capim para elas? Água, sim, água, da boa, não suja, para elas que vêm de lugar gelado e certamente sofrem com o calor deste país tropical?

Sim, e os nove "Glória ao Pai" durante nove dias, quem se lembra de rezar? E o que é pior: por que um velho barrigudo vestido de vermelho e com roupas de frio num país de sol escaldante? Por que não chamar de volta o Menino, se for o caso pedir ao Pai e à Mãe dele que o mandem? Tenho saudades desse Menino! O que fazer para que venha ele e não o velho barbudo de cinturão preto? Quero o Menino de volta! Neste ano, vou de novo me ajoelhar e rezar nove dias seguidos a mesma oração. E, em vez de dormir naquela noite, ficarei acordado, pois quero abraçar aquele Menino e dar-lhe um beijo. Vou pedir que me perdoe por eu nunca ter deixado de ser criança. Nem ele!

4. A SOBRIEDADE DO PROFETA

João Batista é profeta por inteiro. Sua mensagem – denúncia e anúncio – é feita de palavras e atitudes. Sua fala denuncia o entortamento dos caminhos do Senhor. Marcos o identifica com o mensageiro prometido em Êxodo 23,20 e Malaquias 3,1. Identifica-o também com a voz que no deserto clama por mudanças (Isaías 40,3).

O modo de ser de João Batista também é profético. Ele se veste um pouco melhor dos que nada têm para vestir (Lucas 3,11), usando como roupa o couro peludo de um camelo. Com isso o Evangelho de Marcos o põe lado a lado com o profeta Elias, que se vestia desse modo (2 Reis 1,8). Elias foi o restaurador do culto a Javé no antigo Reino do Norte, e João Batista fará o mesmo.

É profético também na dieta, comendo o que está à mão. O deserto pode parecer o lugar que mata de fome as pessoas. João Batista, no entanto, ali encontra seu alimento – gafanhotos e mel silvestre.

Para melhor compreender o profetismo da roupa e da dieta do Precursor, basta compará-lo com o que se diz dos palácios. Jesus afirma que aí moram os que usam roupas de grife (Mateus 11,8), e é num banquete que se decreta e se executa a morte do profeta (Marcos 6,14-29).

Aproximando-se o Natal, a roupa e a dieta de João Batista clamam mudanças urgentes e profundas na vida do povo, daqueles que não têm o que comer ou vestir. A sobriedade do profeta garante que o Messias não nascerá nos ricos shoppings, nem fará sua ceia de Natal num restaurante de primeira linha. É provável que ele queira nascer em todo gesto de partilha com quem não tem o que vestir ou comer.

5. "Que devemos fazer?"

Nesses dias o comércio se agita, as pessoas se atropelam na compra de presentes e a ceia de Natal cria expectativas. O Natal arrisca ser só comércio, apesar de haver aí dados positivos a serem valorizados: a troca de presentes pode reforçar a amizade; a ceia e a festa reúnem a família etc.

"Que devemos fazer?", perguntavam as multidões a João Batista na expectativa da chegada do Messias. E a resposta a essa pergunta aponta para o compromisso com o Senhor que vem. Compromisso das multidões e nosso. A resposta de João se resume na partilha. Naquele tempo, fome e nudez eram o prato do dia para muitos. Note-se que não se trata de esmola, mas de partilha: quem tem duas túnicas dê uma a quem não tem.

Os cobradores de impostos eram judeus não remunerados, que arrecadavam as taxas para os dominadores romanos, ressarcindo-se com aquilo que cobravam a mais. João lhes ordenou "justiça", que aqui pode soar como o oposto da ganância: não cobrar mais que o estabelecido. Eles se faziam acompanhar pela polícia armada, que "convencia" o povo a pagar a quantia estabelecida pelos cobradores. Violência e corrupção.

Acreditamos que o Natal será de fachada se não for acompanhado dos ingredientes propostos por João:

partilha que vence a ganância, violência e corrupção. Se não, podemos celebrar essa festa quantas vezes quisermos, mas haverá sempre o aumento dessas realidades de morte que atingem as grandes cidades e o campo.

E nós, o que devemos fazer? O Natal, lembremo-nos, é a celebração do nascimento de Jesus; é seu aniversário, e não a festa do Papai Noel, muitas vezes semeador de ilusões, sobretudo, para as crianças pobres. É de Jesus que nos vem o "espírito natalino".

6. Natal, retorno às nossas raízes

O Natal dos últimos anos, do ponto de vista do comércio, do barbudo de roupa vermelha, será mais pobre. É a previsão dos especialistas no campo do consumo. Os presentes serão mais simples – uma lembrança apenas. Será com isso mais pobre também a espiritualidade dessa que é uma das três festas mais importantes do calendário católico?

A pobreza econômica deste Natal pode tornar-nos ricos na espiritualidade dessa festa. Vamos ver isso em poucas palavras.

Em primeiro lugar, o festejado. Nasceu na extrema pobreza a fim de tornar-nos ricos. Deus se faz homem para enobrecer o homem. Sua pobreza é nossa riqueza. Entenda-se bem: riqueza não de coisas, mas daquilo que é a essência de Deus: o amor, como diz São João na sua primeira carta: "Deus é amor" (1 João 4,8). Ou, como diz Paulo na segunda carta aos Coríntios: "Cristo, por causa de vós, fez-se pobre para vos enriquecer com a sua pobreza" (2 Coríntios 8,9).

Em segundo lugar, a situação econômica do nosso país pode levar-nos, por outro caminho, ao sentido verdadeiro do Natal: voltar-nos para o festejado, que não quer presentes, mas corações. É ocasião para dizer-lhe: "aceita-me como o meu presente, eu sou todo teu".

7. BATISMO É COISA SÉRIA!

Jesus não precisava receber o batismo de João, pois se tratava de batismo para o perdão dos pecados (Mateus 3,6; Marcos 1,5). Era um gesto de disponibilidade de aceitar o Messias que estava chegando, embora João Batista o mostrasse de modo muito diferente, como juiz severo e rigoroso (Mateus 3,12). Então, por que Jesus se apresenta para o batismo de João? "Para cumprir toda a justiça", esclarece o próprio Jesus.

Note-se um detalhe: depois que Jesus sai da água é que o céu se abre, o Espírito Santo desce sobre ele e o

Pai o declara Filho amado que muito lhe agrada. Isso significa que o autêntico batismo de Jesus se dá quando o Espírito Santo desce sobre ele, capacitando-o para a missão de "cumprir toda a justiça". Ungido pelo Espírito, Jesus é proclamado "Filho amado". Essa expressão é tirada do Salmo 2,7, um salmo que celebra a posse de um novo rei para o povo de Deus. No dia da posse, Deus adotava o rei como filho e lhe confiava a missão de administrar a justiça para o povo. A expressão "no qual pus o meu agrado" é tomada de Isaías 42,1, um texto que fala de um servo fiel, amado por Deus e cumpridor do seu projeto.

O batismo de Jesus, portanto, fala de sua missão: ele é o rei servidor, que vai cumprir toda a justiça, fazendo o reinado de Deus acontecer na história da humanidade. Mas ele não pretende realizar isso sozinho, pois diz "nós devemos...", envolvendo mais gente. Quem, além dele próprio, o Pai e o Espírito? João Batista, os discípulos, você e eu, todos os que sonham com um mundo melhor, sem injustiças.

O convite a participar desse mutirão nós o recebemos quando fomos batizados e o Espírito nos ungiu. Por isso o batismo é coisa séria, muito séria!

Em terceiro lugar, presentear os outros com a riqueza que trazemos dentro de nós: afeto, carinho, amizade, companheirismo, solidariedade e perdão. Que tal visitar nesse dia um doente ou um idoso numa casa de repouso, estar ali presente como presente de Natal?

Em quarto lugar, viajar para dentro de nós mesmos. No corre-corre de todos os dias, frequentemente deixamos de fazer a viagem mais importante, que ninguém fará por nós: viajar para dentro de nós mesmos, para pôr em ordem a bagunça que há lá dentro e montar um presépio dentro de nós, feito de calor humano, de valorização da vida, de reconciliação conosco. Com certeza, passaremos o Natal de forma nova e descobriremos que dentro de nós há uma criança que não pode ser abandonada.

Fazendo isso, com certeza pouparemos energias, reaprenderemos a valorizar as coisas simples, como uma ceia de Natal em que importantes não são as coisas sobre a mesa, mas as pessoas que estão ao redor dela. Quando se ama, até um pedaço de pão duro se transforma em banquete. É tentar para comprovar.

Maria e José não deram um banquete para comemorar o nascimento de Jesus. Deram amor. E o amor, como diz a canção, transforma todas as coisas. Tente, não lamente, porque aquilo que tem valor superior e perene não foi perdido. Melhor dizendo, foi reencontrado. Façamos o Natal retornar às próprias raízes!

8. Batismo e missão

Os Evangelhos de Mateus (3,13-17), Marcos (1,9-11) e Lucas (3,19-20) narram o Batismo de Jesus, e os três associam o batismo à missão que irá exercer. Aqui está a razão pela qual a pessoa batizada é vinculada à missão. Pelo batismo nos tornamos missionários, e deixar de exercer a missão é negar o batismo recebido.

Para entender isso, tomemos o Evangelho de Marcos. Ao ser batizado, uma voz vinda do céu (a voz de Deus) proclama Jesus "o meu Filho amado, em ti me comprazo". Prestemos atenção a essa expressão. A palavra "filho", dita por Deus-Pai, faz lembrar o Salmo 2,7. Esse salmo narra a coroação e posse do rei de Israel. Nesse dia, ele era adotado por Deus como filho seu: "Tu és meu filho, eu hoje te gerei". É o cerne da missão de Jesus: ser Rei. De fato, suas primeiras palavras no Evangelho de Marcos (1,15) anunciam a proximidade do Reino na sua pessoa, nas palavras e nas ações: "O Reino está próximo".

A voz do Pai declara que, em Jesus amado, Deus se compraz. Essa expressão recorda a figura do servo, descrita no profeta Isaías (42,1). Jesus, portanto, é o servo de Deus, amado, que faz a vontade do Pai. E a vontade do Pai é a realização do Reino. Podemos, pois, concluir que a missão de Jesus é instaurar o Reino por meio do serviço.

Ele é o Servo amado de Deus, e sua missão se torna clara: fazer o Reino acontecer mediante o serviço.

A pessoa batizada recebe a mesma missão que Jesus recebeu. O batismo a enxerta em Cristo para a construção do Reino.

Apêndice I

Santos e bem-aventurados brasileiros ou que viveram no Brasil

SANTOS

* São José de Anchieta, missionário jesuíta (9 de junho)
* Santa Paulina do Coração Agonizante de Jesus, religiosa fundadora (9 de julho)
* Santos André de Soveral, Ambrósio Francisco Ferro, Mateus Moreira e seus 27 Companheiros, mártires (3 de outubro)
* Santo Antônio de Sant'Ana Galvão, missionário franciscano (25 de outubro)
* Santos Roque González, Afonso Rodríguez e João del Castillo, missionários mártires (19 de novembro)

BEM-AVENTURADOS

* Bem-aventurada Lindalva Justo de Oliveira, mártir (7 de janeiro)
* Bem-aventurados Manuel Gómez González e Adílio Daronch, mártires (21 de maio)

* Bem-aventurada Francisca de Jesus (Nhá Chica), leiga (4 de junho)
* Bem-aventurada Albertina Berkenbrock, mártir (15 de junho)
* Bem-aventurada Assunta Marchetti, religiosa cofundadora (1º de julho)
* Bem-aventurados Inácio de Azevedo e Companheiros, mártires (17 de julho)
* Bem-aventurada Dulce dos Pobres, religiosa (13 de agosto)
* Bem-aventurado Eustáquio van Lieshout, sacerdote (30 de agosto)
* Bem-aventurado Mariano de la Mata Aparício, sacerdote (5 de novembro)
* Bem-aventurada Bárbara Maix, religiosa fundadora (6 de novembro)
* Bem-aventurado Francisco de Paula Victor (Padre Victor), sacerdote (23 de setembro)

APÊNDICE II

EXEMPLO DE COROA DO ADVENTO

APÊNDICE II

EXEMPLO DE COROA DO ADULTO

1º Domingo do Advento

Presidente: Em nome do Pai...

Assembleia: Amém.

Presidente: Maria proclama a misericórdia de Deus: "Minha alma engrandece o Senhor, e meu espírito exulta em Deus, meu Salvador, porque... sua misericórdia perdura de geração em geração, para aqueles que o temem" (Lucas 1,46-47.50). Jesus nos convida: "Sede misericordiosos como o vosso Pai é misericordioso" (Lucas 6,36). A misericórdia nos capacita para ficar de pé diante do Filho do Homem (Lucas 21,36), pois com ela nos assemelhamos ao Pai. A vigilância, tema do primeiro domingo do Advento, reveste-se de misericórdia em sua dupla dimensão: nós a pedimos a Deus, e ele nos estimula a concedê-la ao próximo. Vamos pedir misericórdia para todos os povos do mundo, voltando-nos, a cada domingo, para um dos pontos cardeais. Hoje pedimos misericórdia para o Hemisfério Norte.

Todos se voltam para o Norte, estendendo a mão.

Presidente: Pai misericordioso, misericórdia para os povos e entre os povos do Hemisfério Norte *(todos rezam em silêncio).*

Uma mulher (de preferência gestante) acende a primeira vela da coroa do Advento, representando o Hemisfério Norte. Enquanto isso, em forma sálmica, canta-se três vezes:

Presidente: Ó luz do Senhor, que vem sobre a terra,
Assembleia: Inunda meu ser, permanece em nós.

Presidente: Ó Rei das nações, Desejado dos povos, Rei das gentes. Tudo reúnes em ti, Pedra Angular. Inimigos tu vens pacificar. Vem salvar este teu povo na tua misericórdia, pois da terra formaste o nosso ser. Vem, Senhor, não tardes, vem salvar.
Assembleia: Amém.

O Presidente abençoa a Coroa do Advento, dizendo:

Presidente: Louvai o Senhor, nações todas,
Assembleia: Glorificai-o, povos todos.
Presidente: Pois sua misericórdia é forte,

Assembleia: E sua fidelidade é para sempre! *(Salmo 117)*
Presidente: Deus, fonte de toda vida e de toda bênção, abençoe † esta coroa do Advento. Por Cristo, na unidade do Espírito Santo.
Assembleia: Amém.

2º DOMINGO DO ADVENTO

Presidente: Em nome do Pai...
Assembleia: Amém.
Presidente: O segundo domingo do Advento mostra João Batista e sua pregação. Ele assume como conteúdo de sua mensagem aquilo que havia sido o anúncio do profeta conhecido como Segundo Isaías (Isaías capítulos 40-55), que viveu em meio aos judeus exilados na Babilônia. Esse profeta anuncia o fim do cativeiro e o retorno à pátria. O povo exilado precisa preparar-se: preparai o caminho para que o Senhor possa chegar. Deus quer que sejamos misericordiosos uns para com os outros. Necessitamos da misericórdia divina, mas necessitamos também da misericórdia dos outros. Ser humano é ser misericordioso, atitude que se traduz em gratuidade, generosidade, perdão, compreensão. Hoje vamos procurar ser misericordiosos uns com os outros. Peçamos misericórdia para os povos do Leste, misericórdia e paz. O povo judeu acreditava que o

Messias viria do Oriente, de onde surge o sol. Vamos rezar.

Todos se voltam para o Leste, estendendo a mão.

Presidente: Pai misericordioso, misericórdia para os povos e entre os povos do Leste *(todos rezam em silêncio).*

Um homem, lembrando João Batista, acende a segunda vela da coroa do Advento, representando o Leste. Enquanto isso, em forma sálmica, canta-se três vezes:

Presidente: Ó luz do Senhor, que vem sobre a terra,
Assembleia: Inunda meu ser, permanece em nós.

Presidente: Ó Sol do Oriente: És o Sol da Justiça que desponta. Resplendor de uma luz que não se apaga. Quem habita nas trevas te aguarda, quem está cego na sombra do pecado por ti espera. Leva em conta quem adormece na morte. Vem, Senhor, torna clara essa escuridão.
Assembleia: Amém.

O Presidente abençoa a coroa do Advento, dizendo:

Presidente: Louvai o Senhor, nações todas,
Assembleia: Glorificai-o, povos todos.

Presidente: Pois sua misericórdia é forte,
Assembleia: E sua fidelidade é para sempre! *(Salmo 117)*
Presidente: Deus, fonte de toda vida e de toda bênção, abençoe † esta coroa do Advento. Por Cristo, na unidade do Espírito Santo.
Assembleia: Amém.

3º DOMINGO DO ADVENTO

Presidente: Em nome do Pai...
Assembleia: Amém.
Presidente: O terceiro domingo do Advento apresenta o testemunho de João Batista. Ele pede justiça, retidão, solidariedade. O mundo como um todo descobriu-se doente por causa da corrupção, mal que provoca vítimas inocentes e impede a vida de milhões de pessoas. A ganância é o câncer da humanidade e, quando associada ao mau uso do poder, gera mortes sem conta. O mundo precisa de muitos que façam como João Batista. Para ele, misericórdia se traduz em solidariedade: quem tem duas mudas de roupa dê uma a quem não tem. Quem tem comida reparta com os outros. Quem está investido de poder não abuse e não explore seu semelhante. Peçamos misericórdia, justiça e solidariedade para os povos do Hemisfério Sul, onde se concentra o maior contingente de pobres. A

esperança do mundo está na partilha e na solidariedade com eles. Vamos rezar.

Todos se voltam para o Sul, estendendo a mão.

Presidente: Pai misericordioso, misericórdia para os povos e entre os povos do Hemisfério Sul *(todos rezam em silêncio).*

Um jovem, lembrando a esperança, acende a terceira vela da coroa do Advento, representando o Hemisfério Sul. Enquanto isso, em forma sálmica, canta-se três vezes:

Presidente: Ó luz do Senhor, que vem sobre a terra,
Assembleia: Inunda meu ser, permanece em nós.

Presidente: Ó Raiz de Jessé, estandarte bem alto levantado, um sinal para todas as nações, diante de ti ficam mudos os poderosos. O povo clama e quer ser escutado. Vem, Senhor, libertar o escravizado. Não demores, escuta as orações.
Assembleia: Amém.

O Presidente abençoa a coroa do Advento, dizendo:

Presidente: Louvai o Senhor, nações todas,
Assembleia: Glorificai-o, povos todos.

Presidente: Pois sua misericórdia é forte,
Assembleia: E sua fidelidade é para sempre! *(Salmo 117)*
Presidente: Deus, fonte de toda vida e de toda bênção, abençoe † esta coroa do Advento. Por Cristo, na unidade do Espírito Santo.
Assembleia: Amém.

4º DOMINGO DO ADVENTO

Presidente: Em nome do Pai...
Assembleia: Amém.
Presidente: Todo quarto domingo do Advento apresenta a figura mais importante desse tempo: a Virgem Maria. Ela é a primeira a reconhecer a misericórdia divina: "O Todo-poderoso olhou para a humilhação de sua serva... e fez grandes coisas em meu favor" (Lucas 1,48-49). É a primeira e insuperável evangelizadora, pois leva Jesus a Isabel. É também ela quem nos ensina a servir a Deus na pessoa do pobre e necessitado: Maria de Deus, Maria da gente, serva do Senhor e servidora do povo, senhora da missão. Hoje rezamos especialmente pelos povos do Oeste, do Ocidente. Aí encontramos a sofrida América Latina, na qual, para cada povo, Maria tem um rosto peculiar e revela todo seu carinho materno: Guadalupe,

Luján, Coromoto, Copacabana (Bolívia), Chiquinquirá (Colômbia), Maiapu (Chile)... Vamos rezar.

Todos se voltam para o Oeste, estendendo a mão.

Presidente: Pai misericordioso, misericórdia para os povos e entre os povos do Oeste *(todos rezam em silêncio).*

Uma ministra, lembrando o serviço, acende a quarta vela da coroa do Advento, representando o Oeste. Enquanto isso, em forma sálmica, canta-se três vezes:

Presidente: Ó luz do Senhor, que vem sobre a terra,
Assembleia: Inunda meu ser, permanece em nós.

Presidente: Ó Emanuel, Deus conosco, Rei legislador, esperança de todas as nações, desejado de todos os corações, és dos pobres maior libertador. Finalmente salvar-nos vem, Senhor, Deus nosso, escuta nossas preces.
Assembleia: Vem, ó Filho de Maria, vem depressa, ó luz da vida. Quanta sede, quanta espera, está perto o grande dia!

O Presidente abençoa a coroa do Advento, dizendo:

Presidente: Louvai o Senhor, nações todas,
Assembleia: Glorificai-o, povos todos.
Presidente: Pois sua misericórdia é forte,
Assembleia: E sua fidelidade é para sempre! *(Salmo 117)*
Presidente: Deus, fonte de toda vida e de toda bênção, abençoe † esta coroa do Advento. Por Cristo, na unidade do Espírito Santo.
Assembleia: Amém.

A marca FSC® é a garantia de que a madeira utilizada na fabricação do papel deste livro provém de florestas que foram gerenciadas de maneira ambientalmente correta, socialmente justa e economicamente viável.

Este livro foi composto com as famílias tipográficas Cinzel e Adobe Caslon Pro e impresso em papel Offset 63g/m² pela **Gráfica Santuário**.